新形式対応

TOEIC® L&R TEST 言い換え超特急 正解の決め手77

森田鉄也　清田将吾　あ〜る

TOEIC is a registered trademark of ETS.
This publication is not endorsed or approved by ETS.
L&R means LISTENING AND READING.

朝日新聞出版

編集協力 ──── 渡邉真理子

　　　　　　　株式会社 Globee

　　　　　　　株式会社 mikan

音声制作 ──── 英語教育協議会（ELEC）

もくじ

言い換えを制するものは TOEIC を制する ······················· 6

第1部　TOEIC の言い換えを知る　　9

1. なぜ TOEIC に「言い換え力」が必要なのか ················· 10
2. リスニング（Part 3）······································ 17
3. リーディング（Part 7）···································· 34
4. リーディング（Part 6）···································· 48
5. まとめ ·· 66

第2部　言い換えトレーニング　　69

第2部で学ぶこと ·· 70

Unit 1：TOEIC あるある　10問 ························· 89

1 故障 ······················ 91
2 問題・解決 ················ 93
3 対処 ······················ 95
4 配管 ······················ 97
5 延期・中止・遅延 ·········· 99
6 混雑 ·····················101

7 問題・懸念 ···············103
8 クーポン・商品券 / お店 ····105
9 記念 ·····················107
10 募金・慈善活動 / 寄付 ······109

確認問題 ·····················111

Unit 2：TOEIC 最頻出テーマ　11問 ·················113

11 年に○回 ·················115
12 毎月・毎週・毎日 ·········117
13 本社 ·····················119
14 以前 / 得意客 ············121
15 最初の・新しい ···········123
16 人気 ·····················125
17 必須 / 任意 ··············127

18 立地 / 食事施設 ···········129
19 買収・合併 ···············131
20 提携 ·····················133
21 複数 ·····················135
コラム：
「複数」を表す様々なパターン ··137
確認問題 ·····················143

Unit 3：ビジネステーマ1（採用・人事）9問 ･････････････ 145

- 22 採用の応募書類 ････････ 147
- 23 紹介・推薦 ････････････ 149
- 24 作品集 / 提出 ･･････････ 151
- 25 人事部 / 連絡 ･･････････ 153
- 26 管理・監督 ････････････ 155
- 27 社内・社外 ････････････ 157

- 28 代理・後任 ････････････ 159
- 29 引き継ぎ ･･････････････ 161
- 30 昇進・昇給 ････････････ 163

- 確認問題 ･･････････････ 165

Unit 4：ビジネステーマ2（その他）8問 ･････････････ 167

- 31 不動産・物件 ･･････････ 169
- 32 営業 ･････････････････ 171
- 33 在宅勤務 ･･････････････ 173
- 34 お急ぎサービス ････････ 175
- 35 アンケート ････････････ 177

- 36 機密情報 /〜から始まる ････ 179
- 37 財政的支援 ････････････ 181
- 38 支払い金額 ････････････ 183

- 確認問題 ･･････････････ 185

Unit 5：森問題 9問 ････････････････････････････ 187

- 39 銀行 ･････････････････ 189
- 40 旅行 ･････････････････ 191
- 41 教育 ･････････････････ 193
- 42 政治 ･････････････････ 195
- 43 建築・建設 ････････････ 197
- 44 ○○ supplies ･･･････････ 199

- 45 電化製品・電子機器・台所用品 ･･ 201
- 46 報道 ･････････････････ 203
- 47 海外・国内 ････････････ 205

- 確認問題 ･･････････････ 207

Unit 6：重要動詞 10問 ･･････････････････････････ 209

- 48 同封・添付 ････････････ 211
- 49 議論・検討 /over を含む熟語 ･･･ 213
- 50 変更・修正 ････････････ 215
- 51 服のお直し ････････････ 217
- 52 感謝 ･････････････････ 219
- 53 開催 / イベント ････････ 221

- 54 参加・出席 ････････････ 223
- 55 登録・申込 ････････････ 225
- 56 改装 ･････････････････ 227
- 57 収容 ･････････････････ 229

- 確認問題 ･･････････････ 231

Unit 7：重要名詞　9問 · 233

58 施設・建物 · · · · · · · · · · · · · · · 235
59 宿泊施設 / 予約 · · · · · · · · · · · 237
60 防具 · 239
61 大きさ · · · · · · · · · · · · · · · · · · · 241
62 芸術 · 243
63 割引 · 245

64 お客様の声 · · · · · · · · · · · · · · · 247
65 パンフレット · · · · · · · · · · · · · 249
66 数字 / 紛らわしい over の区別
· ·251

確認問題 · · · · · · · · · · · · · · · · · · · 253

Unit 8：重要形容詞 / 副詞 / 構文など　11問 · · · · · · · · · · · · 255

67 定期的に · · · · · · · · · · · · · · · · · 257
68 安い · 259
69 満足 · 261
70 様々な · · · · · · · · · · · · · · · · · · · 263
71 同じ・異なる · · · · · · · · · · · · · 265
72 耐久性 · · · · · · · · · · · · · · · · · · · 267
73 湿った・乾燥した · · · · · · · · · 269

74 Xが〜できないようにする · · ·271
75 〜しない · · · · · · · · · · · · · · · · · 273
76 〜するとすぐに · · · · · · · · · · · 275
77 現在と過去の対比 /
　　対比・逆説を表す主な表現 · · ·277

確認問題 · · · · · · · · · · · · · · · · · · · 279

第3部　飛躍するトレーニング　　281

1. 言い換えセンテンス77 · 282

2. とっておきのもりてつファイル 頻出言い換え330 · · · · · · · · · · · · · · · 298

動詞：86語 · · · · · · · · · · · · · · · · · 298
　出る度Ａ：38語 · · · · · · · · · · · 298
　出る度Ｂ：33語 · · · · · · · · · · · 299
　出る度Ｃ：15語 · · · · · · · · · · · 301
名詞：101語 · · · · · · · · · · · · · · · 302
　出る度Ａ：47語 · · · · · · · · · · · 302
　出る度Ｂ：42語 · · · · · · · · · · · 304
　出る度Ｃ：12語 · · · · · · · · · · · 305

形容詞：108語 · · · · · · · · · · · · · 306
　出る度Ａ：38語 · · · · · · · · · · · 306
　出る度Ｂ：40語 · · · · · · · · · · · 308
　出る度Ｃ：30語 · · · · · · · · · · · 310
副詞：25語 · · · · · · · · · · · · · · · · · 312
前置詞・接続詞：10語 · · · · · · 313

Index · 314

言い換えを制するものはTOEICを制する

　数あるTOEIC対策本の中から本書を手に取っていただきありがとうございます。本書は、**TOEICのスコアを最も効率的に上げるために必要不可欠な「言い換え表現」**を身に付けるための対策本です。著者（森田、清田、あ〜る）は全員TOEICで990点満点を取得し（森田は100回以上取得）、今でもTOEIC公開テストを毎回受験し、精緻に分析し続けているTOEIC対策のエキスパートです。公開テストの当日には、毎回、YouTubeのTOEIC反省会ライブを3人で催しています。

　その私たちが、スコアに直結する学習方法として一番にあげるのが、「言い換え表現」の学習です。一般的な英語の「言い換え表現」ではありません。**TOEICテストに頻出の言い換え表現だけを厳選し、頻出の関連表現**とあわせて1冊にまとめました。つまり、本書の英文、単語は、すべてTOEIC頻出のもので出来ています。1語も無駄はありません。

　ここで、TOEIC対策において、言い換え表現を学ぶべき3つの理由を見てみましょう。ゴールと目標を明確にして、学習効果を高めるために必要なステップです。ぜひ確認してください。

1 TOEICの約7割の問題で「言い換え力」が問われる

　言い換えと言えば、Part 7で2〜4問出題される同義語問題（例：The word "address" is closest in meaning to「addressという語と意味が最も近いのは」）を思い浮かべる人が多いかもしれませんが、言い換え力が必要になるのはその問題だけではありません。リスニングセクションではPart 3〜4（計69問）、リーディングセクションではPart 6〜7（計70問）の至る所で言い換え力が問われ、**問題数にすると全体の約7割を占めます**。つまり、TOEICの大半の問題で言い換え力が必要になるのです。**TOEICは言い換えのオンパレードであり、「言い換えを制するものはTOEICを制する」**と言っても過言ではありません。

2 リスニングでも本格的な「言い換え力」が問われる時代に

　言い換え力は Part 3〜4 でも必要だとすでに述べましたが、実はこれまでは
あまり必要ありませんでした。以前は本文と同じ単語が含まれる選択肢が正解
になることが多く、比較的攻略しやすいパートだったのです。しかし、最近は選
択肢が言い換えられていることが多く、明らかに難易度が上がっています。**本
文を聞き取り、選択肢の言い換えにも気付いて、ようやく正解が選べる**のです。
リーディングならまだしも、リスニングでこの作業を行うのはなかなか至難の
業ですね。リーディングセクションだけでなく、リスニングセクションを攻略
するためにも「言い換え力」が必要になります。

　つまり、**音だけ（耳だけ）でも「言い換え表現」に対応**できるようにならなけ
ればならないのです。**本書は、すべての問題に音（朗読音声）を付けています**か
ら、音で解する「言い換え表現」対策もできますので安心してください。

3 TOEIC の難化対策には「言い換え力」が鍵になる

　最近の TOEIC では言い換えのレベルが上がってきています。これまでは
attend（出席する）➡ participate in（参加する）のような同義語レベルの言い換えが
多かったものが、最近だと attend the party（パーティーに出席する）➡ be a part
of an event（イベントの一部となる）のようなストレートではない言い換えが増え
ている印象です。「これは同じ内容なのか？」と悩むような言い換えが増え、選
択肢の吟味に時間がかかってしまうようになりました。この場合、attend the
party が、その上位表現の be a part of an event と言い換えられているのです。
この言い換えの難化が、最近の TOEIC の難化の原因の一つだと思います。

　この難化に対応するには、**定番の言い換え表現は確実にマスターした上で、新
しいタイプの言い換えパターンにも対応できるように常にアップデートしてい
かなければなりません**。そのためにも本書では、定番の言い換え表現を厳選し、
それらの表現を覚えながら、新しいタイプの言い換えを見抜くコツやセンスも
身に付けられるようにしました。

　いわば、言い換え力の基礎と応用を 1 冊で身に付けられるように構成してい
ます。990 点満点、毎回受験の本気の TOEIC エキスパート（TOEIC geek）の
私たちを信じてください。**成果はスコアが証明します。**

● **言い換え表現を学べば Speaking / Writing にも役立つ**

　ここまでは TOEIC® Listening & Reading Test（以下、TOEIC LR）における言い換え力の必要性を述べてきましたが、Speaking や Writing（以下、SW）においても言い換え表現を学ぶメリットがあります。実は TOEIC LR に限らず、英語そのものが言い換え（パラフレーズ）の言語です。できるだけ同じ言い回しを避け、表現を様々に言い換えることが英語の常識です。英語らしいアウトプットをするためにも「言い換え力」は必須なのです。

　本書を手に取っている方のほとんどが TOEIC LR の攻略を当面の目標にしていると思います。まずは最速で TOEIC LR でのスコア達成を実現させましょう！　その目標を達成し、SW に挑戦してみようと思った時に、本書で身に付けた「言い換え力」が大いに役立つはずです。TOEIC LR を攻略しながら、将来の SW にもつなげていける一石二鳥の勉強になることをお約束します。

　それでは言い換えの特訓を始めましょう。本書を使い倒してパラフレーズマスターになってください！

　森田鉄也、　清田将吾、　あ〜る

第1部
TOEICの言い換えを知る

1. なぜ TOEIC に「言い換え力」が必要なのか

　第1部では TOEIC でハイスコアを獲得するためになぜ言い換え力が必要なのかを詳しく説明します。

■ TOEIC の各パートで問われる力

　まずは、TOEIC のそれぞれのパートでどんな力が求められるかを考えてみましょう。

> ● リスニングセクション
> ・Part 1（6問）：写真描写問題　⇨ 短文の聞き取り
> ・Part 2（25問）：応答問題　　　⇨ 短文の聞き取り
> ・Part 3（39問）：会話文問題　　⇨ 長文の聞き取り
> ・Part 4（30問）：説明文問題　　⇨ 長文の聞き取り
>
> ● リーディングセクション
> ・Part 5（30問）：短文穴埋め問題 ⇨ 短文の読み取り
> ・Part 6（16問）：長文穴埋め問題 ⇨ 長文の読み取り
> ・Part 7（54問）：長文読解問題　 ⇨ 長文の読み取り

　これらのパートを2つのグループにわけると、①「短文」の理解を問う Part 1, 2, 5 と、②「長文」の理解を問う Part 3, 4, 6, 7 にわけることができます。

　①の Part 1, 2, 5 は短文なので、主に英文中の発音／文法／語彙などの「知識」が問われます。例えば、Part 1 では cupboard「食器棚」（発音：カバードゥ）などの日常語、Part 2 では Why don't you 〜?「〜してはどうですか」などの会話表現、Part 5 では正しい品詞や文意に合う語彙などが問われます。基本的なリスニング力／リーディング力に加えて、これらの知識があれば比較的攻略しやすいパートです。問題数もリスニング／リーディング共に約3割であり、全体に占める割合も少なめです。

　一方、②の Part 3, 4, 6, 7 では「長文の内容理解」が問われるので、知識だけでは解けません。発音／文法／語彙などの知識を使った上で、長文の内容をき

10　第1部　TOEIC の言い換えを知る

ちんと理解できる力が求められます。問題数もリスニング／リーディング共に約7割と、全体に占める割合も多く、ハイスコア獲得のために攻略して得点源にすべきパートです。

> **各パートで問われる力 まとめ**
>
> ❶ **Part 1, 2, 5：短文の理解**
> ・主に発音／文法／語彙などの知識が問われる
> ・問題数は約3割（Part 1～2：31問、Part 5：30問）
>
> ❷ **Part 3, 4, 6, 7：長文の理解**
> ・知識を使った上で、長文の内容理解が問われる
> ・問題数は約7割（Part 3～4：69問、Part 6～7：70問）
> ⇨ 問題数も多く、ハイスコア獲得のために攻略が必須
> （※Part 6には単純な語彙／文法を問う問題もあります）

　ここまで、ハイスコア獲得のために得点源にすべきPart 3, 4, 6, 7では「長文の内容理解」が大切であることを説明しました。それでは、受験者の「長文の内容理解」を確認するために、TOEIC側はどのように問題を作るのでしょうか？

2 長文の内容理解は「言い換え」で問われる

　結論を言うと、「言い換え」を使って確認します。

　まず、問題を解く際は「本文を聞く／読む ⇨ 同じ内容の選択肢を選ぶ」という流れになりますが、もし正解の選択肢が本文と全く同じ単語であれば、その単語の意味や発音さえわかれば長文の内容がわからなくても解けてしまいます。たまたま本文で目／耳に入った単語をもとに正解が選べてしまったら、これは本当に「長文の内容を理解した」とは言えないですよね。

　これを防ぐためにTOEICは、本文と「同じ内容」を本文と「違う単語」を使って表現した「言い換え」の選択肢を作ります。こうすることで正解を巧妙に隠すことができ、単語だけで解こうとする人を惑わすことができます。つまり、言い換えによって正解をカモフラージュすることができるのです。

1. なぜTOEICに「言い換え力」が必要なのか　11

> **例**

❶ 本文と同じ単語を使った選択肢の場合
- ・質問：What will the man do next?
- ・本文：I'll call the maintenance department.
- ・正解：Call the maintenance department
  ⇨ 単語の知識だけで解けてしまう

❷ 本文と違う単語を使った「言い換え」の選択肢の場合
- ・質問：What will the man do next?
- ・本文：I'll call the maintenance department.
- ・正解：Contact a colleague
  ⇨ 内容を理解し、言い換えに気付けないと解けない

訳 ▶ ❶質問：男性は次に何をしますか。/本文：私はメンテナンス部署に電話します。/
正解：メンテナンス部署に電話する。
❷質問：同上/本文：同上/正解：同僚に連絡する。

　問題作成者になったつもりで TOEIC を見てみると、言い換えの重要性がわかってきますね！

　特に長文の内容理解を問う問題では、「単語一致」ではなく「内容一致」の観点で選択肢を作る必要があり、その際に言い換えを用いることはごく自然なことです。**試験として正しく英語力を測るには「言い換え」が必要なのです。**

　誤解のないように言っておくと、比較的易しめな問題では本文と同じ単語を使った選択肢が正解になることもあります。TOEIC はスコアが 10 点から 990 点の方まで同じテストを受けるので、易しい問題から難しい問題まで幅広く含まれています。**しかし、多くの問題は言い換えであり、「正解＝本文の言い換え」であることを前提に問題に取り組むことが賢明です。ハイスコア獲得を目指すなら必須のマインドセットになります。**

　TOEIC の長文問題を攻略するために「言い換え力」が必須であることが少しずつわかってきたでしょうか？

12　第 1 部　TOEIC の言い換えを知る

3 「単語ひっかけ（スリカエ）」に注意する

ここまで、正解の選択肢は本文と違う単語を使った「言い換え」が多いということを説明しました。**逆に、本文と同じ単語を使った選択肢は「ひっかけ」である可能性が高いという点も理解しなければなりません。**

TOEICでは、長文を単語だけで解こうとする受験者を惑わすため、本文と同じ単語を使ったひっかけの選択肢が作られます。これを「単語ひっかけ」と言います。また、その選択肢の一部は別の内容にすり替わっており、これを「スリカエ」と言います。

例

❶ 本文と同じ単語を使った「ひっかけ」の選択肢の場合
- 質問：What will the man do next?
- 本文：I'll call the maintenance department.
- 不正解：Call a taxi
  - ⇨ 一部の単語は同じ（単語一致）だが、内容が違う
  - ⇨ call という同じ単語を使った「単語ひっかけ」
  - ⇨ call の目的語がすり替わった「スリカエ」

❷ 本文と違う単語を使った「言い換え」の選択肢の場合
- 質問：What will the man do next?
- 本文：I'll call the maintenance department.
- 正解：Contact a colleague
  - ⇨ 単語は違うが、内容は同じ（内容一致）
  - ⇨ 本文の内容の「言い換え」

訳 ▶ ❶質問：男性は次に何をしますか。/本文：私はメンテナンス部署に電話します。/
不正解：タクシーを呼ぶ。
❷質問：同上/本文：同上/正解：同僚に連絡する。

このようなトラップ（罠）にひっかからないようにするためには、「正解＝本文の言い換え」であることを強く意識する必要があります。TOEICは、長文の内容をきちんと理解をして、その言い換えに気付けないと間違えるように作られています。言い換えを意識せずに、同じ単語に飛びつくことがいかに危険であるかを理解できたでしょうか？

1. なぜ TOEIC に「言い換え力」が必要なのか　13

4 「言い換え力」があれば、より速く確信を持って 正解を選ぶことができる

　ここまで、「言い換え」と「ひっかけ」について詳しく説明してきました。ただ、ある程度英語が読める／聞けるようになった方の中には、「言い換えを意識しなくても内容がわかれば解ける」と考える方もいるかもしれません。もちろんそれでもかまわないのですが、**言い換えを意識することで、より「速く」「確信を持って」正解を選ぶことができる**ようになります。

　TOEIC は時間との戦いです。限られた制限時間の中でいかに速く正確に答えを選べるかが求められています。リーディングは受験者のほとんどの方が最後まで解き終わらず、**「あと5分あれば…」**、**「最後に見直す時間があれば…」**などと試験後に考えると思います。リスニングも Part 3～4 は終始忙しく、**「先読みの時間が足りない…」**、**「悩んでいる間に次の問題を聞き逃してしまった…」**など悩みを抱える方も多いはずです。これだけ時間制約の厳しいテストにおいて、悩む時間を1分1秒でも減らせる方法があるとしたら知りたいと思いませんか？

　その方法はずばり、「言い換え力」を身に付けることです。問題作成者の意図を読み取り、本文と選択肢の言い換えに気付ければ、より速く確信を持って正解を選ぶことができます。

　「なんとなくこれが正解っぽい」ではなく、**「この言い換えがあるからこれが正解」と気付けるようになれば、確信度がグッと高まります。**単語ひっかけやスリカエも自ら見抜くことができれば、**不正解選択肢を避け、正解を選ぶ確率を一気に高めることができます。**結果的に迷いなく自信を持って瞬時に正解を選べるようになり、速さも正確さも兼ね備えることができるようになるでしょう。

　同じ「正解する」にしても、「言い換えがわからずになんとなく正解する」のと「言い換えがわかって確信を持って正解する」のとでは、長文の内容理解における解像度がまるで違います。**ハイスコアを確実に取りたければ、目指すべきは当然後者です。**

　もちろん、全ての問題で言い換えを完璧に理解して解く必要はありません。明らかに他の選択肢が本文と異なり、消去法で解ける問題などは、それで正解としてしまっても良いでしょう。ただ、**自己ベスト更新できるかどうかの明暗を分ける数問の悩ましい問題に出会った時に、日々培った言い換え力があなたの味方をしてくれるはずです。「正解の決め手」**となる言い換えに気付ければ、その数問を確実にものにし、ハイスコア獲得に一気に近づくことができるでしょう。

14　第 1 部　TOEIC の言い換えを知る

言い換え力は **TOEIC** 攻略における秘密兵器です。言い換え力で武装すれば **TOEIC** は怖くありません。本書が皆さんの言い換え力を鍛えるための頼れる指南書になるでしょう。

ここまでのまとめ

❌ ハイスコア獲得には約7割の問題数を占める長文問題
（**Part 3, 4, 6, 7**）の攻略が必須
⇨ 長文問題を攻略して得点源にする！

❌ 長文問題の攻略には「言い換え力」が必須
⇨ 問題作成者の意図を考えれば重要性が見えてくる！

❌ 正解の選択肢は本文の「言い換え」、
不正解は「単語ひっかけ（スリカエ）」が多い
⇨ **TOEIC** が仕掛けた罠にはまらないようにする！

❌ 「言い換え力」があれば、より速く確信を持って
正解を選ぶことができる
⇨ **TOEIC** は時間との戦い！

❌ 「言い換え力」は **TOEIC** 受験者の強い味方になる！
⇨ 言い換え力で武装すれば **TOEIC** は怖くない！

ここまで、TOEIC における言い換えの重要性を詳しく説明してきました。ここからは実際の TOEIC の問題（Part 3 と Part 7、Part 6）を解いて、さらに詳しく具体的に言い換えの重要性を見ていきましょう！

◀ 音声を聴く方法 ▶

スマートフォンで聴く方法

AI 英語教材アプリ abceed

iOS・Android 対応

無料の Free プランで音声が聞けます。
https://www.abceed.com/

※ご使用の際は、アプリをダウンロードしてください。
※abceed 内には本書の有料アプリ版もあります。
※使い方は、www.abceed.com でご確認ください。

また、mikan アプリにも対応しています。詳細はカバー内側に記載の QR コードからご覧ください。

パソコンで聴く方法

本書の音声は、下記の朝日新聞出版 HP から
ダウンロードしてください。

https://publications.asahi.com/toeic/

Google などの検索エンジンで
| 朝日新聞出版　言い換え超特急 |
と入力して検索してください。

2. リスニング (Part 3)

イントロ・問題演習

- 問題　：Part 3 を 1 セット（3 問）解く
- 解き方：質問 / 選択肢を 30 秒で先読みし、音声を聞いて問題に答える
- 目的　：**Part 3〜4 の問題タイプ**（森問題）と**解答パターン**（言い換え・ひっかけ）を学ぶ

Listen to Track 1 and answer the following questions. 〔◀1〕

1. What industry does the woman work in?

(A) Technology
(B) Hospitality
(C) Journalism
(D) Healthcare

2. What does the man say he will do tomorrow?

(A) Celebrate an anniversary
(B) Speak at a conference
(C) Deliver a shipment
(D) Replace a floor tile

3. What will the man probably do next?

(A) Check his availability
(B) Visit a Web site
(C) Return a book
(D) Fix a broken item

2. リスニング (Part 3)　17

問題提起 ◀1

Question 1 through 3 refer to the following conversation.

W: Thank you for calling Northwood **Hospital**. How can I help you?

M: Hi. This is James Smith. I have an appointment with **Dr.** Tanaka tomorrow, but I'd like to reschedule it. My colleague's flight was delayed, so I'll be **delivering a speech** at an **annual** industry **convention** as his **replacement**. Are there any openings this Thursday?

W: Unfortunately, **Dr.** Tanaka is unavailable that day. How about Friday? Or we can schedule you with another **doctor**. We have a wide selection of specialists who can address various **medical** needs, and you can find their biographies on our **Web site**.

M: Thanks. I'm fully **booked** on Friday, but I'd prefer to see **Dr.** Tanaka to discuss my progress. I think my schedule for next week has just been **fixed**. Why don't I give you a call back in about an hour?

W: That's fine, Mr. Smith. Talk to you soon.

解説を読む前に、以下の2つを自分で考えてみよう。

---

❶ 言い換えのパターン
　正解の選択肢が本文とどのように言い換えになっているか

❷ ひっかけのパターン
　不正解の選択肢でどのようなひっかけが仕掛けられているのか

※言い換え / ひっかけとなる単語を太字にしています。

18　第1部　TOEICの言い換えを知る

1. 正解 (D)

What industry does the woman work in?

(A) Technology
(B) **Hospitality**
(C) Journalism
(D) **Healthcare**

2. 正解 (B)

What does the man say he will do tomorrow?

(A) Celebrate an **anniversary**
(B) **Speak** at a **conference**
(C) Deliver a shipment
(D) **Replace** a floor tile

3. 正解 (A)

What will the man probably do next?

(A) Check his availability
(B) Visit a **Web site**
(C) Return a **book**
(D) **Fix** a broken item

2. リスニング (Part 3)　19

Q1 解説（森問題、関連語、単語ひっかけ）

1. 正解 (D)

W: Thank you for calling Northwood **Hospital**. How can I help you?

M: Hi. This is James Smith. I have an appointment with **Dr.** Tanaka tomorrow, but I'd like to reschedule it. My colleague's flight was delayed, so I'll be delivering a speech at an annual industry convention as his replacement. Are there any openings this Thursday?

W: Unfortunately, **Dr.** Tanaka is unavailable that day. How about Friday? Or we can schedule you with another **doctor**. We have a wide selection of specialists who can address various **medical** needs, and you can find their biographies on our Web site.

M: Thanks. I'm fully booked on Friday, but I'd prefer to see **Dr.** Tanaka to discuss my progress. I think my schedule for next week has just been fixed. Why don't I give you a call back in about an hour?

W: That's fine, Mr. Smith. Talk to you soon.

Q. What industry does the woman work in?
(A) Technology
(B) **Hospitality**
(C) Journalism
(D) **Healthcare**

訳 女性はどんな業界で働いていますか？
(A) テクノロジー
(B) ホスピタリティ
(C) ジャーナリズム
(D) 医療

20　第 1 部　TOEIC の言い換えを知る

1. 女性が働いている業界を問う問題です。**Thank you for calling Northwood Hospital.** という発言から、女性は**病院**のスタッフだとわかります。つまり、**医療業界**で働いていると言い換えられるので、(D) **Healthcare**「医療」が正解です。**Hospital** と **Healthcare** はどちらも医療に関する表現で、**医療に関する「関連語の言い換え」**とまとめることができます。

2. また、文書全体に **Dr. / doctor**「医者」、**medical**「医療の」など、医療に関する関連語が散りばめられていることもヒントになります。これらの関連語を元に職業、場面、人物などを推測する問題は**「森問題」**と呼ばれます。（詳しくは次のページ）

3. (B) **Hospitality** は「おもてなし」という意味で、ホテル、飲食、観光などの接客サービスを行う業界を表します。**Hospital** と **Hospitality** は似た発音の単語を使った**「単語ひっかけ」**です。**Part 3～4の難化傾向として、選択肢に本文と同じ/似た単語を使った単語ひっかけが多く見られます。**単語に飛びつかないように注意しましょう。

⬇ 言い換えセンテンス

🔊 2

① Thank you for calling Northwood **Hospital.**

② **Dr. / doctor / medical**

➡ The woman works in **healthcare.**

ポイント

❶ **「森問題」**は**「関連語の言い換え」**で攻略する！
  ⇨ 関連語の言い換えに気付けるように同じテーマの語彙をグループで覚える！（第2部で紹介）

❷ 不正解の選択肢では**「単語ひっかけ」**に注意！
  ⇨ 単語ひっかけに惑わされないために、言い換え表現を覚えて正解を見抜けるようにする！

●木問題と森問題

木問題
本文の一部を問う問題

森問題
本文の全体を問う問題

　Part 3, 4, 7 で問われる問題は、大きく2種類にわけることができます。それが「木問題」と「森問題」です。

　木問題とは、本文の「一部」を問う問題で、詳細な情報がピンポイントで問われます。例えば、What will the man probably do next?「男性はおそらく次に何をしますか」という問題は、本文から男性の次の行動を説明する箇所を特定すれば答えがわかります。木問題では、設問で問われている情報を点で特定するという視点が必要になります。

　一方、森問題は本文の「全体」を問う問題で、テーマ、目的、職業、場面などの概要が問われます。例えば、What are the speakers mainly discussing?「話し手は主に何を話し合っていますか」という問題は、本文全体を把握することで答えがわかります。なお、概要は本文の冒頭で述べられることが多いので、冒頭を意識しつつ全体を把握するという視点が必要になります。

　「木」と「森」という言葉は、「一部」と「全体」を表すイメージとして使われています。有名なことわざに**「木を見て、森を見ず」**という言葉がありますが、一部のことに気を取られて全体が見えなくなっている状態のことを表しますね。

　TOEIC でも「木を見て、森を見ず」にならないように注意しなければなりません。木問題であれば木を見て解答すれば OK ですが、森問題であれば木だけでなく森も見なければなりません。一部の同じ単語に飛びつかず、**全体に散りばめられた関連語**からテーマ、目的、職業、場面を推測するようにしましょう。TOEIC では「木も見て、森も見る」が正解です。

●Q1 の解答イメージ

NG パターン
木を見て、森を見ず
（単語ひっかけ）

OK パターン
木も見て、森も見る
（関連語の言い換え）

　次ページで森問題の主な設問文をまとめます。これらの設問を見て瞬時に森問題だと見抜けるようにしましょう。

●森問題の主な設問

❶ 場所・場面 ◀3

□ **Where (most likely) are the speakers?**
話者は（おそらく）どこにいますか

□ **Where is the conversation (most likely) taking place?**
会話は（おそらく）どこで行われていますか

most likely は「おそらく」という意味で、推測が必要であることを表します。内容を取る上ではあまり重要ではないので、カッコで括って読んでも問題ありません。

❷ テーマ・目的 ◀4

□ **What is the topic of the conversation?**
この会話のテーマは何ですか

□ **What is the conversation (mainly) about?**
この会話は（主に）何についてですか

□ **What are the speakers (mainly) discussing?**
話者は（主に）何について議論していますか

□ **What is the man/woman calling about?**
男性/女性は何について電話していますか

□ **Why is the man/woman calling?**
男性/女性はなぜ電話していますか

□ **What is the purpose of the man's/woman's call?**
男性/女性の電話の目的はなんですか

メインキーワードとなる下線部を見て、何が問われているのかを瞬時に把握するようにしましょう。

24　第1部　TOEICの言い換えを知る

❸ 人物（職業・部署・業界） 🔊 5

- **Where** do the speakers (most likely) **work**?
  話者は（おそらく）どこで働いていますか

- **What type of business** do the speakers work for?
  話者はどんな種類の会社で働いていますか

- **What industry** do the speakers (most likely) work in?
  話者は（おそらく）どんな業界で働いていますか

- **What** is the man's/woman's **job/occupation**?
  男性／女性の職業は何ですか

❹ 人物（男性／女性／話し手／聞き手／読み手／書き手） 🔊 6

- **Who** (most likely) is the **man/woman**?
  男性／女性は（おそらく）誰ですか

- **Who** (most likely) are the **speakers/listeners/writers**?
  話者／聞き手／書き手は（おそらく）誰ですか

- **Who** is the speaker (most likely) **calling**?
  話し手は（おそらく）誰に電話していますか
  (⇨ つまり、「聞き手は誰ですか」という質問)

- **Who** is the **podcast intended for**?
  このポッドキャストは誰に向けられていますか
  (⇨ つまり、「聞き手は誰ですか」という質問)

- **For whom** is the **advertisement** (most likely) **intended**?
  この広告は（おそらく）誰に向けて書かれたものですか
  (⇨ つまり、「読み手は誰ですか」という質問)

 Part 3では「男性と女性」、Part 4では「話し手と聞き手」、Part 7では「書き手と読み手」のどちらを問われているかを確認することが大切です。

Q2 解説（同義語・類義語、スリカエ）

2. 正解 (B)

> W: Thank you for calling Northwood Hospital. How can I help you?
>
> M: Hi. This is James Smith. I have an appointment with Dr. Tanaka tomorrow, but I'd like to reschedule it. My colleague's flight was delayed, so I'll be **delivering a speech** at an **annual** industry **convention** as his **replacement**. Are there any openings this Thursday?
>
> （省略）

Q. What does the man say he will do tomorrow?
- (A) Celebrate an **anniversary**
- (B) **Speak** at a **conference**
- (C) **Deliver** a shipment
- (D) **Replace** a floor tile

訳 男性は明日何をすると言っていますか？
- (A) 記念日を祝う
- (B) 会議で話す
- (C) 荷物を配達する
- (D) フロアタイルを交換する

語注 □ **appointment** 名 予約 □ **reschedule** 動（予定）を変更する □ **colleague** 名 同僚 □ **be delayed** 遅れる □ **deliver a speech** 講演をする □ **annual** 形 年に1回の □ **industry** 名 業界 □ **convention** 名 会議・大会 □ **as one's replacement** ～の代わりに □ **opening** 名 空き

26　第1部 TOEICの言い換えを知る

1. 男性の明日の予定を問う問題です。男性が明日の予約を変更したいと伝えた後、**I'll be delivering a speech at an annual industry convention as his replacement.** と述べており、男性は明日会議に講演者として出席することがわかります。これを **Speak at a conference**「会議で話す」と言い換えた（B）が正解です。

2. **deliver a speech**「講演をする」が **speak**「話す」に、**convention**「会議」が **conference**「会議」に言い換えられています。どちらも語句単位の「**同義語（類義語）による言い換え**」とまとめることができます。数ある言い換えパターンの中でも、これが最も基本的な言い換えです。

3. （A）（C）（D）は「**単語ひっかけ**」でどれも本文と内容が一致しません。（A）は **annual**「年に1回の」と似た単語の **anniversary**「記念日」、（C）は **deliver**「（スピーチ）を行う」と同じ単語の **deliver**「〜を配達する」、（D）は **replacement**「代わり」と派生語の **replace**「〜を交換する」が使われています。また、（C）（D）は「**スリカエ**」でもあり、（C）は deliver するものが a speech から a shipment に、（D）は replace するものが his（同僚）から a floor tile にすり替わっています。不正解の選択肢は「単語ひっかけ」と「スリカエ」に注意しましょう。

⬇ **言い換えセンテンス**

🔊 7

I'll be **delivering a speech** at an annual industry **convention** as his replacement.

➡ He will **speak** at a **conference** tomorrow.

ポイント

❶ 「**同義語（類義語）による言い換え**」を攻略する！
　⇨ 同義語（類義語）をたくさん覚えていけば、基本的な言い換え問題に対応できる！

❷ 不正解の選択肢では「**スリカエ**」にも注意！
　⇨ 正解は「言い換え」、不正解は「スリカエ」
　　（単語ひっかけにも注意）

2. リスニング（Part 3）　27

Q3 解説 (文単位の言い換え、内容一致)

3. 正解 (A)

> （省略）
>
> W: Unfortunately, Dr. Tanaka is unavailable that day. How about Friday? Or we can schedule you with another doctor. We have a wide selection of specialists who can address various medical needs, and you can find their biographies on our **Web site**.
>
> M: Thanks. I'm fully **booked** on Friday, but I'd prefer to see Dr. Tanaka to discuss my progress. I think my schedule for next week has just been **fixed**. Why don't I give you a call back in about an hour?
>
> W: That's fine, Mr. Smith. Talk to you soon.

Q. What will the man probably do next?
(A) Check his availability
(B) Visit a **Web site**
(C) Return a **book**
(D) **Fix** a broken item

訳　男性はおそらく次に何をしますか？
(A) 予定の空きを確認する
(B) ウェブサイトを訪れる
(C) 本を返す
(D) 壊れた物を修理する

語注　□ **unfortunately** 副 残念ながら　□ **unavailable** 形 予定が空いていない
□ **a wide selection of** 様々な・幅広い　□ **specialist** 名 専門家
□ **address needs** ニーズに対応する　□ **various** 形 様々な　□ **medical** 形 医療の
□ **biography** 名 経歴　□ **fully booked** 予約が埋まっている
□ **prefer to do** ～することをより好む　□ **discuss** 動 ～について話し合う
□ **progress** 名 経過　□ **fixed** 形 (予定が) 確定した
□ **why don't I ～?** ～しましょうか？

28　第 1 部　TOEIC の言い換えを知る

1. 男性の次の行動を問う問題です。**I think my schedule for next week has just been fixed. Why don't I give you a call back in about an hour?** という発言から、男性はスケジュール確定後に再度電話をすることがわかります。これを **Check his availability**「予定の空きを確認する」と言い換えた(A)が正解です。文の内容を要約して短い言葉にまとめる「**文単位の言い換え**」です。

2. これまでの関連語や同義語による「語句単位の言い換え」と比べて、「文単位の言い換え」は一気にレベルが上がります。**英文を聞いて「つまりこういうことだ」と要約できる力が求められています。**最近の難化傾向として「文単位の言い換え」が増えており、部分的な語句の聞き取りだけでは対応しづらくなっています。

3. (C)は **book**「～を予約する」と **book**「本」の単語ひっかけ、(D)は **fix**「(日時)を確定する」と **fix**「～を修理する」の単語ひっかけおよびスリカエです。fix するものが my schedule から a broken item にすり替わっています。(B)の **Web site** に関しては、女性が他の医師の経歴をウェブサイトで見ることができると提案しているものの、男性は田中医師に診てもらいたいと述べていることから、ウェブサイトを訪れる可能性は低いと推測できます。このような同じ単語を使ったひっかけに遭わないためには、断片的な聞き取りによる「**単語一致**」ではなく、全体の流れを把握した「**内容一致**」で解くことが重要です。

↓ 言い換えセンテンス

◀8

I think my schedule for next week has just been fixed. Why don't I give you a call back in about an hour?

➡ The man will probably **check his availability** next.

ポイント

❶ **「文単位の言い換え」を攻略する！**
⇨ 「つまりこういうことだ」と要約しながら聞けるようにする！

❷ **「単語一致」ではなく「内容一致」で解く！**
⇨ 似た発音や同じ単語に飛びつかず、同じ内容の「言い換え」を見抜くことが重要！

2. リスニング（Part 3） 29

本文

Question 1 through 3 refer to the following conversation.

W: Thank you for calling Northwood Hospital. How can I help you?

M: Hi. This is James Smith. I have an appointment with Dr. Tanaka tomorrow, but I'd like to reschedule it. My colleague's flight was delayed, so I'll be delivering a speech at an annual industry convention as his replacement. Are there any openings this Thursday?

W: Unfortunately, Dr. Tanaka is unavailable that day. How about Friday? Or we can schedule you with another doctor. We have a wide selection of specialists who can address various medical needs, and you can find their biographies on our Web site.

M: Thanks. I'm fully booked on Friday, but I'd prefer to see Dr. Tanaka to discuss my progress. I think my schedule for next week has just been fixed. Why don't I give you a call back in about an hour?

W: That's fine, Mr. Smith. Talk to you soon.

日本語訳

問題1〜3は次の会話に関するものです。

W：ノースウッド病院にお電話いただきありがとうございます。どのようなご用件でしょうか？

M：こんにちは。ジェームズ・スミスです。明日、田中医師との予約があるのですが、変更したいのです。同僚のフライトが遅れてしまい、彼の代わりに業界の年次大会で講演をすることになりました。今週の木曜日に空きはありますか？

W：残念ながら、田中医師はその日は空いておりません。金曜日ではいかがでしょうか？または、別の医師をご案内することも可能です。当院には様々な医療ニーズに対応できる専門医が多数おり、ウェブサイトで経歴をご確認いただけます。

M：ありがとうございます。金曜日は予定が埋まっているのですが、田中医師に経過について相談したいので、できれば彼に診てもらいたいです。来週のスケジュールがちょうど確定したところだと思うので、1時間後にまたお電話してもよろしいでしょうか？

W：かしこまりました、スミス様。またお電話お待ちしております。

2. リスニング（Part 3）　31

出るパラフレーズ

●言い換えをさらに深める

ここまで解説を読んで、リスニング（Part 3～4）での言い換えの重要性がわかってきたはずです。

言い換え力をさらに深めるために、同じテーマの言い換え表現を「出るパラフレーズ」としてリストアップします。

Q1 言い換えセンテンス

① Thank you for calling Northwood **Hospital**.
② **Dr. / doctor / medical**

➡ The woman works in **healthcare**.

出るパラフレーズ「医療」

□ **hospital** 病院　□ **healthcare** 医療

hospitalはhospitality（おもてなし）との区別に注意！

□ **medical** 医学の　□ **medicine** 薬、医学
□ **doctor** 医者　□ **Dr. ～** ～医師
□ **dentist** 歯医者　□ **dental** 歯医者の
□ **surgeon** 外科医　□ **physician** 内科医
□ **nurse** 看護師　□ **patient** 患者
□ **checkup** 健康診断　□ **treatment** 治療

ここで挙げたものは一部で、医療に関する語は他にもたくさんあります。リストを自分で補強していきながら「言い換えネットワーク」を作っていきましょう！

関連語をグループで覚えることで、これらの語を聞いたときに瞬時に「医療」に関するテーマだとわかるようになります。リスニングのために音声を活用して発音も確認しておきましょう！

32　第1部　TOEICの言い換えを知る

Q2 言い換えセンテンス

I'll be **delivering a speech** at an annual industry **convention** as his replacement.
→ He will **speak** at a **conference** tomorrow.

出るパラフレーズ「話す」

- **talk** 話す、話
- **speak** 話す
- **speech** 演説
- **deliver** （演説など）をする
- **delivery** 演説
- **address** ～に演説する、演説
- **remark** 述べる、発言
- **lecture** （～に）講義をする、講義
- **present** （～を）発表する
- **presentation** 発表
- **discuss** ～を議論する
- **discussion** 議論

😊 これらの言い換え表現は地味で気付きにくいのが特徴です。公式教材でも多数出ていますが、多くの方がこの言い換えをなかなか見抜けません。皆さんは瞬時に気付けるようにいまインプットしましょう！

出るパラフレーズ「会議・集まり」

- **meeting / conference** 会議
- **convention** 会議、大会
- **congress** 会議、学会
- **gathering** 集まり、集会
- **briefing** 打ち合わせ
- **get-together** 集まり、パーティー
- **assembly** 集会
- **rally** （政治的な）集会
- **forum** 公開討論会、（ネット上での）意見交換の場

😊 conference、convention、congress に共通する con- や com-、co- は「共に」という意味なので「会議＝人々が共に集まる場所」というイメージを掴みましょう。

😊 meeting / gathering / briefing は～ing 形の名詞です。

😊 assembly には「組み立て」という意味もあります　ex. assembly line「組み立てライン」

このように正解に絡んだ単語の言い換え表現を整理してインプットしておくと、体系的な**「言い換えネットワーク」**が構築され、同じような問題が出た時により一層正解しやすくなります。本書では**「出るパラフレーズ」**として頻出の言い換え表現をまとめているので、効率的な言い換え力アップを実現できます。

3. リーディング（Part 7）

問題演習

- 問題：Part 7 シングルパッセージ3問付を1セット
- 時間：3分＋α（Part 7は1問1分を目標に解きましょう）
- 目的：**Part 7の問題タイプ**（同義語問題・NOT 問題）と**解答パターン**（言い換え・ひっかけ）を学ぶ

Questions 1–3 refer to the following information. 🔊 12

Reducing Our Environmental Footprint

As part of our commitment to sustainability, all of us should be actively participating in initiatives to reduce our environmental impact. Please keep in mind the following guidelines in your day-to-day work.

Aim for Paperless

Whenever possible, choose electronic documentation over paper forms. Print out documents only when absolutely necessary, and opt for double-sided printing if you have to use the printer. For requests like paid leave and expense reports, fill out and submit the forms digitally.

Reduce Waste

Sort paper, plastics, and other recyclable materials and place them in the proper bins. Reuse one-sided printouts for taking the meeting minutes. Use your own cups for coffee breaks to help reduce single-use plastics. If you do not have one, feel free to use the complimentary reusable mugs available in the break room.

34　第1部　TOEICの言い換えを知る

Green Your Commute

Instead of driving to work by yourself, we encourage taking a train, driving together with coworkers, and commuting by bicycle. Telecommuting options, which lower our carbon footprint, are also available. For those doing this with other members of their household, working in the same space will help to optimize energy efficiency.

Environmental Sustainability Committee

1. The phrase "fill out" in paragraph 2, line 4, is closest in meaning to

(A) expand
(B) complete
(C) exchange
(D) restock

2. According to the information, what is provided in the break room?

(A) Complimentary breakfast
(B) Recycling bins
(C) Free cups
(D) Reusable bags

3. What is NOT mentioned as an alternative to driving to work alone?

(A) Using public transportation
(B) Riding a bicycle
(C) Carpooling
(D) Walking

3. リーディング (Part 7)　35

問題提起

Questions 1–3 refer to the following information.

Reducing Our Environmental Footprint
As part of our commitment to sustainability, all of us should be actively participating in initiatives to reduce our environmental impact. Please keep in mind the following guidelines in your day-to-day work.

Aim for Paperless
Whenever possible, choose electronic documentation over paper forms. Print out documents only when absolutely necessary, and opt for double-sided printing if you have to use the printer. For requests like paid leave and expense reports, **fill out** and submit the forms digitally.

Reduce Waste
Sort paper, plastics, and other **recyclable** materials and place them in the proper **bins**. Reuse one-sided printouts for taking the meeting minutes. Use your own cups for coffee breaks to help reduce single-use plastics. If you do not have one, feel free to use the **complimentary reusable mugs available** in the break room.

Green Your Commute
Instead of **driving to work by yourself**, we encourage **taking a train, driving together with coworkers**, and **commuting by bicycle**. Telecommuting options, which lower our carbon footprint, are also available. For those doing this with other members of their household, working in the same space will help to optimize energy efficiency.

Environmental Sustainability Committee

36　第 1 部　TOEIC の言い換えを知る

解説を読む前に、以下の2つを自分で考えてみよう。

> ❶ 言い換えのパターン
> 正解の選択肢が本文とどのように言い換えになっているか
>
> ❷ ひっかけのパターン
> 不正解の選択肢でどのようなひっかけが仕掛けられているのか

※言い換え / ひっかけとなる単語を太字にしています。

1. 正解 (B)

The phrase "fill out" in paragraph 2, line 4, is closest in meaning to

(A) expand
(B) **complete**
(C) exchange
(D) restock

2. 正解 (C)

According to the information, what is **provided** in the break room?

(A) **Complimentary** breakfast
(B) **Recycling bins**
(C) **Free cups**
(D) **Reusable** bags

3. 正解 (D)

What is NOT mentioned as an alternative to **driving to work alone**?

(A) **Using public transportation**
(B) **Riding a bicycle**
(C) **Carpooling**
(D) Walking

3. リーディング（Part 7）　37

Q1 解説 (同義語問題)

1. 正解 (B)

> （省略）
>
> **Aim for Paperless**
> Whenever possible, choose electronic documentation over paper forms. Print out documents only when absolutely necessary, and opt for double-sided printing if you have to use the printer. For requests like paid leave and expense reports, <u>fill out</u> and submit the forms digitally.
>
> （省略）

Q. The phrase "fill out" in paragraph 2, line 4, is closest in meaning to
(A) expand
(B) complete
(C) exchange
(D) restock

訳 第2段落の4行目にある「fill out」の語に最も近い意味はどれですか？
(A) ～を拡張する
(B) ～を記入する
(C) ～を交換する
(D) ～を補充する

語注 □ **aim for** ～を目指す □ **whenever possible** 可能な時はいつでも □ **choose X over Y** YよりもXを選ぶ □ **electronic** 形 電子の □ **documentation** 名 書類（作成） □ **form** 名 用紙 □ **print out** ～を印刷する □ **document** 名 書類 □ **when necessary** 必要なときに □ **absolutely** 副 絶対に □ **opt for** ～を選ぶ □ **double-sided printing** 両面印刷 □ **request** 名 申請 □ **paid leave** 有給休暇 □ **expense report** 経費報告書 □ **fill out** ～を記入する □ **submit** 動 ～を提出する □ **digitally** 副 デジタル上で

38　第 1 部　TOEICの言い換えを知る

1. 最も近い意味の語句を選ぶ同義語問題。ここでは fill out the forms「フォームを記入する」という意味で使われているので、同じ意味の (B) complete「〜を記入する」が正解です。「**fill out ➡ complete**」は**TOEIC最頻出の言い換えの一つ。TOEIC対策を始めたら最初に覚えるべきと言っても良いくらい重要な表現です。**

2. **fill out** には「大きくなる、〜を大きくする (expand)」という意味もありますが、今回は文意に合いません。また、**complete** には動詞「〜を完成させる」や形容詞「完全な」などの意味もありますが、TOEICでは「〜を記入する」の意味が頻出です。**多義語(複数の意味を持つ語)の場合でも、今回の文脈でどの意味が最も近いかを考えるようにしましょう。**

3. Part 7ではこのような「**同義語問題**」が各テストに2〜4問出題され、長文の中での語彙の言い換え力が試されます。**定番の言い換え表現を知っておけば瞬時に解けるものも多く、言い換え力を鍛えることで得点源になりやすい問題です。**

⬇ **言い換えセンテンス**

🔊 13

Fill out the forms digitally
➡ **Complete** the forms digitally

ポイント

Part 7の「同義語問題」を攻略するために、定番の言い換え表現を確実に押さえる!
　⇨ 各テストで2〜4問 (約10〜20点) を得点源にする!

3. リーディング (Part 7)　39

Q2 解説 (設問と本文の言い換え)

2. 　正解 (C)

（省略）

Reduce Waste

Sort paper, plastics, and other **recyclable** materials and place them in the proper **bins**. Reuse one-sided printouts for taking the meeting minutes. Use your own cups for coffee breaks to help reduce single-use plastics. If you do not have one, feel free to use the **complimentary reusable mugs available** in the break room.

（省略）

Q. According to the information, what is **provided** in the break room?

(A) **Complimentary** breakfast
(B) **Recycling bins**
(C) **Free cups**
(D) **Reusable** bags

訳　情報によると、休憩室で提供されているものは何ですか？
(A) 無料の朝食
(B) リサイクル用のゴミ箱
(C) 無料のカップ
(D) 再利用可能なバッグ

語注　□ **reduce** 動 ～を減らす　□ **waste** 名 廃棄物　□ **sort** 動 ～を分類する
□ **recyclable** 形 リサイクル可能な　□ **material** 名 素材　□ **place** 動 ～を置く
□ **proper** 形 適切な　□ **bin** 名 ごみ箱　□ **reuse** 動 ～を再利用する
□ **one-sided printout** 片面だけに印刷された用紙　□ **minutes** 名 議事録
□ **one's own** 自分自身の（もの）　□ **break** 名 休憩
□ **help (to) do** ～することを助ける　□ **single-use** 形 使い捨ての
□ **feel free to do** 自由に～する　□ **complimentary** 形 無料の
□ **reusable** 形 再利用可能な　□ **mug** 名 マグカップ　□ **available** 形 利用できる

40　第 1 部　TOEIC の言い換えを知る

1. 詳細を問う問題。休憩室で提供されているものに関しては第3段落最終文で述べられており、**the complimentary reusable mugs**「無料の再利用可能なマグカップ」とあるため、これを **Free cups**「無料のカップ」と言い換えた (C) が正解。「**complimentary ➡ free**」も **TOEIC最頻出の言い換えの一つ**。今回のように問題に絡むことが非常に多く、本文でこれらの語を見たら「問題に絡むかも！」と思いながら読み進めるようにしましょう。

2. また、設問の **provided**「提供されている」が本文の **available**「利用可能である」に言い換えられています。(B) の Recycling bins「リサイクル用のゴミ箱」は第3段落1文目で登場していますが、それが休憩室にあるという説明が本文中にないので正解になりません。この選択肢を消去するためには、「**設問と本文の言い換え**」に気付くことが重要です。**まずは設問をよく読み、設問中の表現の言い換えを本文から探して該当箇所を特定しましょう。**「本文と選択肢の言い換え」を探すのはその後です。

3. (A) と (D) は本文と同じ単語を使った「**単語ひっかけ**」および「**スリカエ**」です。(A) は breakafast と mugs、(D) は bags と mugs がすり替わっています。

↓ 言い換えセンテンス

◀14

① (設問) what is **provided** in the break room?

➡ (本文) ... **available** in the break room.

② (本文) the **complimentary** reusable **mugs**

➡ (選択肢) **Free cups**

ポイント

「設問 ➡ 本文 ➡ 選択肢」の順で解く！

⇨ まずは設問をよく読み、設問中の表現の言い換えを本文から探して該当箇所を特定する。その後、本文と選択肢の言い換えを見抜いて正解を選ぶ！

Q3 解説（NOT 問題、上位語の言い換え）

3. 正解 (D)

（省略）

Green Your Commute

Instead of **driving to work by yourself**, we encourage **taking a train, driving together with coworkers**, and **commuting by bicycle**. Telecommuting options, which lower our carbon footprint, are also available. For those doing this with other members of their household, working in the same space will help to optimize energy efficiency.

Q. What is NOT mentioned as an alternative to **driving to work alone**?

(A) **Using public transportation**
(B) **Riding a bicycle**
(C) **Carpooling**
(D) Walking

訳 一人で車で通勤する代替案として言及されていないものはどれですか？

(A) 公共交通機関を利用すること
(B) 自転車に乗ること
(C) 相乗りすること
(D) 歩くこと

語注 □ **green** 動 〜を環境に良いものにする　□ **commute** 名 通勤　動 通勤する
□ **instead of** 〜の代わりに　□ **by oneself** 一人で　□ **encourage** 動 〜を推奨する
□ **coworker** 名 同僚　□ **telecommuting** 名 在宅勤務　□ **lower** 動 〜を削減する
□ **carbon footprint** 炭素排出量　□ **those doing** 〜する人々
□ **household** 名 家庭　□ **help (to) do** 〜することに役立つ
□ **optimize** 動 〜を最適化する　□ **efficiency** 名 効率

42　第 1 部　TOEIC の言い換えを知る

1. 本文で述べられていないものを選ぶNOT問題。一人で車通勤することの代替
手段に関しては第4段落1文目にあり、(D) Walking「歩くこと」以外は全て本
文と言い換えた形で述べられています。「設問 ➡ 本文」の言い換えと「本文 ➡
選択肢」の言い換えを以下でまとめます。

↓ 言い換えセンテンス

◀ 15

(設問) **driving to work alone** 「一人で車で通勤すること」

➡ (本文) **driving to work by yourself** 「一人で車で通勤すること」

(本文) **taking a train** 「電車に乗ること」

➡ (A) **Using public transportation** 「公共交通機関を利用すること」

(本文) **commuting by bicycle** 「自転車で通勤すること」

➡ (B) **Riding a bicycle** 「自転車に乗ること」

(本文) **driving together with coworkers** 「同僚と一緒に車に乗ること」

➡ (C) **Carpooling** 「相乗りすること」

2. (A) 以外は類義語の言い換えで、(A) は**上位語の言い換え**となっています。上位
語とは、**ある言葉 (下位語) よりも意味が広い概念を持つ言葉**のことを指します。
今回は「train [下位語] ➡ public transportation [上位語]」という関係になります
ね。他にも「microscope (顕微鏡) ➡ equipment (機器)」や「party (パーティー)
➡ event (イベント)」なども上位語の言い換えです。**上位語の言い換えはTOEIC
では頻出**です。

3. 「**NOT問題**」のような選択肢の吟味に時間を要する問題でも言い換えが多用さ
れることがあります。**本文の言い換えに瞬時に反応し、正解/不正解を正確に見抜
く力がTOEICのリーディングでは求められています。**

ポイント

「上位語の言い換え」に注意する！

⇨ 選択肢では本文よりも意味が広い概念を持つ言葉に言い換えられるこ
とがある！

3. リーディング (Part 7)　43

本文

Questions 1–3 refer to the following information.

Reducing Our Environmental Footprint
As part of our commitment to sustainability, all of us should be actively participating in initiatives to reduce our environmental impact. Please keep in mind the following guidelines in your day-to-day work.

Aim for Paperless
Whenever possible, choose electronic documentation over paper forms. Print out documents only when absolutely necessary, and opt for double-sided printing if you have to use the printer. For requests like paid leave and expense reports, fill out and submit the forms digitally.

Reduce Waste
Sort paper, plastics, and other recyclable materials and place them in the proper bins. Reuse one-sided printouts for taking the meeting minutes. Use your own cups for coffee breaks to help reduce single-use plastics. If you do not have one, feel free to use the complimentary reusable mugs available in the break room.

Green Your Commute
Instead of driving to work by yourself, we encourage taking a train, driving together with coworkers, and commuting by bicycle. Telecommuting options, which lower our carbon footprint, are also available. For those doing this with other members of their household, working in the same space will help to optimize energy efficiency.

Environmental Sustainability Committee

日本語訳

問題1～3は次の情報に関するものです。

環境への負荷を減らす

私たちの持続可能性への取り組みの一環として、全員が環境への影響を減らすための活動に積極的に参加する必要があります。日々の業務で以下のガイドラインを心に留めておいてください。

ペーパーレスを目指そう

可能な限り、紙の書類ではなく電子ドキュメントを選んでください。どうしても必要な場合にのみ印刷を行い、プリンターを使用する際は両面印刷を選びましょう。有給休暇や経費報告書のような申請は、デジタルで記入して提出してください。

廃棄物を減らそう

紙やプラスチック、その他のリサイクル可能な素材を分類し、適切なゴミ箱に捨ててください。片面だけに印刷された用紙は、会議の議事録を書く際に再利用しましょう。コーヒーブレイクの際には、自分のカップを使い、使い捨てプラスチックの削減に協力してください。自分のカップがない方は、休憩室に用意された無料の再利用可能なマグカップをご自由にお使いください。

通勤をグリーンにしよう

一人で車で通勤する代わりに、電車の利用や、同僚と一緒に車で通勤すること、自転車通勤を推奨します。また、リモートワークの選択肢も利用可能で、これにより私たちの炭素排出量が削減されます。家族と一緒にこれを行う場合、同じスペースで働くことがエネルギー効率を最適化するのに役立ちます。

環境持続可能性委員会

語注 【第1段落】 □ **reduce** 動 ～を減らす
□ **environmental [ecological] footprint** 人間の活動が環境に与える影響
□ **commitment** 名 取り組み □ **sustainability** 名 持続可能性
□ **actively** 副 積極的に □ **participate in** ～に参加する
□ **initiative** 名 活動、新しい計画・試み □ **environmental** 形 環境の
□ **impact** 名 影響 □ **keep in mind** ～を心に留める □ **following** 形 以下の
□ **guideline** 名 ガイドライン、指針 □ **day-to-day** 形 日々の

3. リーディング（Part 7） **45**

出るパラフレーズ

● 言い換えをさらに深める

ここまで解説を読んで、リーディング（Part 7）での言い換えの重要性がわかってきたはずです。

言い換え力をさらに深めるために、同じテーマの言い換え表現を「出るパラフレーズ」としてリストアップします。

Q1 言い換えセンテンス

Fill out the forms digitally
→ **Complete** the forms digitally

出るパラフレーズ「〜を記入する」

☐ **fill in / fill out / complete**　〜を記入する

fill in は「空欄の中を（in）埋める」、fill out は「空欄を完全に（out）埋めて書類を完成させる」というニュアンスです。complete には「〜を完成させる」という意味があるので、fill out と complete が意味的に近いですね！

Q2 言い換えセンテンス

Feel free to use the **complimentary** reusable **mugs available** in the break room.
→ **Free cups are provided** in the break room.

出るパラフレーズ「無料」

☐ **free / complimentary**　無料の
☐ **for free / for nothing / free of charge**　無料で
☐ **at no cost / without charge**　無料で

👤 free は fee「料金」との見間違いに注意しましょう。よくひっかけの選択肢に入っています。無料と有料（料金がかかる）では大きく意味が異なりますね。

👤 complimentary「無料の」は complementary「補完的な」との見間違いに注意しましょう。それぞれの動詞は compliment「～を褒める」と complement「～を補完する」です。complimentary には「無料の」だけでなく「賞賛を表す」という意味もあり、お客様への好意で無料で提供するというニュアンスが含まれています。complimentary のスペルから、お客様に愛（i）を込めて無料で提供すると覚えましょう。

⬇ Q3 言い換えセンテンス　🔊 15

> （本文）**taking a train**　「電車に乗ること」
> ➡ (A) **Using public transportation**　「公共交通機関を利用すること」
>
> （本文）**commuting by bicycle**　「自転車で通勤すること」
> ➡ (B) **Riding a bicycle**　「自転車に乗ること」
>
> （本文）**driving together with coworkers**　「同僚と一緒に車に乗ること」
> ➡ (C) **Carpooling**　「相乗りすること」

⬆⬇ 出るパラフレーズ「交通手段」　🔊 19

☐ **public transportation**　公共交通機関
☐ **bus**　バス　☐ **train**　電車　☐ **subway**　地下鉄　☐ **shuttle bus**　シャトルバス

👤 これらは公共交通機関（public transportation）の下位表現になります。

☐ **drive [cycle, walk] to**　～に車で[自転車で、歩いて]行く

👤 このように動詞を使った表現も要注意です。

☐ **commute**　通勤する　☐ **telecommute**　リモートワークする
☐ **carpool**　相乗りする
☐ **drive together**　一緒に車で行く
☐ **share a taxi**　タクシーに相乗りする

👤 道路の渋滞緩和や環境面への配慮として相乗りを奨励するという話が TOEIC ではよく出てきます。

4. リーディング (Part 6)

最後に Part 6 の問題も解いてみましょう。

第 2 部で扱うのは Part 3, 4, 7 での言い換えになりますが、Part 6 でも言い換えの力が問われることがあります。

Part 6 特有の言い換えについて学んでいきましょう。

問題演習

- 問題：Part 6 を 1 セット（4 問）
- 時間：2 ～ 3 分（Part 6 は 1 問 30 秒を目標に解きましょう）
- 目的：**Part 6 の問題タイプ**（文脈語彙、文挿入、接続副詞、代名詞）と**解答パターン**（言い換え）を学ぶ

Questions 1–4 refer to the following instructions. 🔊 20

Dear Team:

The office ------- has nearly come. All of us will lend a
       1.
hand in making the transition on Friday as smooth as

possible. ------- .
       2.

First, empty all cabinets and drawers and place all office

supplies in the cardboard boxes that will be provided for

the relocation. Next, lock your desk drawers so that your

desk can be moved more easily and safely. ------- , detach
                                                3.
all cords from your computer or other devices. Neatly

48　第 1 部　TOEIC の言い換えを知る

bundle ------- using cable ties and label each bundle
4.
with your name to simplify the setup process at our new

location.

Thank you for your cooperation.

Fiona Bartley

Office Manager

---

1. (A) inspection
   (B) celebration
   (C) move
   (D) inventory

2. (A) You will be expected to follow these instructions before the big day.
   (B) In addition, power down your computer and disconnect all peripherals.
   (C) Once the date has been fixed, we will notify you immediately.
   (D) However, the movers are already at the location.

3. (A) After all
   (B) Nevertheless
   (C) Accordingly
   (D) Finally

4. (A) us
   (B) it
   (C) them
   (D) both

4. リーディング (Part 6)　49

問題提起

Questions 1–4 refer to the following instructions.

Dear Team:

The office ------- has nearly come. All of us will lend a
1.
hand in making the **transition** on Friday as smooth as
possible. ------- .
2.

First, empty all cabinets and drawers and place all office
supplies in the cardboard boxes that will be provided for
the **relocation**. Next, lock your desk drawers so that your
desk can be moved more easily and safely. ------- , detach
3.
all cords from your computer or other devices. Neatly
bundle ------- using cable ties and label each bundle
4.
with your name to simplify the setup process **at our new**
location.

Thank you for your cooperation.

Fiona Bartley
Office Manager

解説を読む前に、以下を自分で考えてみよう。

> 言い換えのパターン
> 正解の選択肢が本文とどのように言い換えになっているか

※言い換えとなる単語を太字にしています。

1. 正解 (C)

(A) inspection
(B) celebration
(C) **move**
(D) inventory

2. 正解 (A)

(A) You will be expected to follow **these instructions** before **the big day**.
(B) In addition, power down your computer and disconnect all peripherals.
(C) Once the date has been fixed, we will notify you immediately.
(D) However, the movers are already at the location.

3. 正解 (D)

(A) After all
(B) Nevertheless
(C) Accordingly
(D) Finally

4. 正解 (C)

(A) us
(B) it
(C) **them**
(D) both

4. リーディング (Part 6)　51

Q1 解説 (文脈語彙問題、本文中の言い換え)

1. 正解 (C)

The office (1)**move** has nearly come. All of us will lend a hand in making the **transition** on Friday as smooth as possible. (2)You will be expected to follow these instructions before the big day.

First, empty all cabinets and drawers and place all office supplies in the cardboard boxes that will be provided for the **relocation**. Next, lock your desk drawers so that your desk can be moved more easily and safely. (3)Finally, detach all cords from your computer or other devices. Neatly bundle (4)them using cable ties and label each bundle with your name to simplify the setup process **at our new location**.

    (A) inspection
    (B) celebration
    (C) **move**
    (D) inventory

訳　(A) 検査
    (B) 祝賀
    (C) 移転
    (D) 棚卸し

※語注は p.63 を参照。

52　第 1 部　TOEIC の言い換えを知る

1. 正しい名詞を選ぶ問題。空欄の次の文に **transition**「移行」、第2段落に **reloca-tion**「移転」や **at our new location**「私たちの新しい場所で」とあるため、オフィスの移転が行われることがわかります。よって、(C) **move**「移転」が正解です。**同じ本文中で「移転」に関する語句単位の言い換えが行われています。**

2. Part 6では**文脈を伴う語彙問題(文脈語彙問題)**が出題されます。空欄を含む一文だけでなく、前後の文も読まないと解けないタイプの語彙問題です。特に後ろの文に根拠がある場合は要注意で、空欄前後だけを見て早とちりしないことが重要です。このタイプの問題は「**本文中の言い換え**」が正解の決め手になることが多くあります。(詳しくは次ページ参照)

3. (A)はオフィスの検査、(B)はオフィスの祝賀、(D)はオフィスの棚卸し、となり、空欄を含む一文だけで考えると意味は通じるものの、その後の文脈に合いません。**文脈語彙問題は「正解の決め手」を見つけるまで答えを保留にし、先を読み進めるという解き方が重要になります。その決め手になる表現が「言い換え表現」であることが多いです。**

↓ 言い換えセンテンス ◀ 21

transition「移行」、**relocation**「移転」、
at our new location「私たちの新しい場所で」

➡ **move**「移転」

ポイント

❶ **文脈語彙問題**では「**本文中の言い換え**」が鍵になる！

❷ 文脈語彙問題は**言い換え表現**などの「**正解の決め手**」を見つけるまで我慢して読み進める！ 空欄前後で早とちりしない！

4. リーディング (Part 6)　53

●本文中の言い換え

　Q1の解説の通り、Part 6 での言い換えの特徴は「本文中の言い換え」であり、Part 3, 4, 7 で問われる言い換えとは大きく異なります。

　Part 3, 4, 7 では、「設問 ➡ 本文」の言い換えや「本文 ➡ 選択肢」の言い換えが問われます。本文は完全な文書として存在し、その内容一致を問うための設問と選択肢が別で用意され、それらが本文とどう言い換えられるかが問われます。

　一方、Part 6 は長文の空欄補充問題であり、本文の一部が欠けている不完全な文書です。本文の一部となる語句や文を選択肢から選びます。その際に「本文中の言い換え」という視点で英文を見なければなりません。つまり「本文 ➡ 本文」の言い換えが問われるのが Part 6 です。

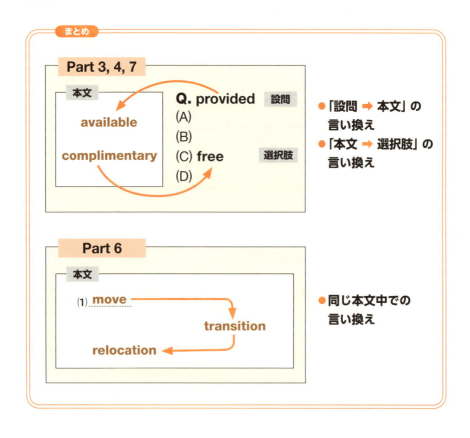

54　第1部　TOEICの言い換えを知る

Q2 解説 （文挿入問題）

2. 　**正解 (A)**

The office (1)**move** has nearly come. All of us will lend a hand in making the transition on Friday as smooth as possible. (2)You will be expected to follow **these instructions** before **the big day**.

First, empty all cabinets and drawers and place all office supplies in the cardboard boxes that will be provided for the relocation. Next, lock your desk drawers so that your desk can be moved more easily and safely. (3)Finally, detach all cords from your computer or other devices. Neatly bundle (4)them using cable ties and label each bundle with your name to simplify the setup process at our new location.

(A) You will be expected to follow **these instructions** before **the big day**.
(B) In addition, power down your computer and disconnect all peripherals.
(C) Once the date has been fixed, we will notify you immediately.
(D) However, the movers are already at the location.

訳　(A) その大きな日までにこれらの指示に従うことが求められます。
　　(B) さらに、コンピュータの電源を切り、全ての周辺機器の接続を外してください。
　　(C) 日程が決まり次第、すぐにお知らせいたします。
　　(D) しかし、引っ越し業者はすでにその場所にいます。

56　第 1 部　TOEIC の言い換えを知る

※語注は p.63 を参照。

1. 文脈に合う正しい文を選ぶ問題 (文挿入問題) です。第1段落でオフィスの移転が告知され、第2段落で移転前に社員が行うべきことが指示されています。(A)を入れると、**the big day** が **The office move** を、**these instructions** が**第2段落全体**を表し、「その大きな日 (=オフィスの移転) までに、これらの指示 (=以下で述べること) に従うことが求められている」という内容になり、自然な流れになります。

2. **文挿入問題**においても「**本文中の言い換え**」が正解の決め手になることがあります。今回は「**The office move ➡ the big day**」という語句単位の言い換え、「**第2段落全体 ➡ these instructions**」という文単位の言い換えが行われています。**文と文のつながりや段落間のつながりを見抜く際にも「言い換え力」が必要になります。**

3. (B) はコンピュータの電源や周辺機器について述べており、第2段落後半と関連があるものの、空欄に入れても流れが不自然です。(C) は移転の日付はすでに金曜日と確定しているので矛盾します。(D) は the movers「その引っ越し業者」や the location「その場所」が指せる語句が前文になく、内容も上手くつながりません。

⬇ 言い換えセンテンス

◀22

① **The office move**

➡ **the big day**　　※語句単位の言い換え

② **第2段落全体**

➡ **these instructions**　　※文単位の言い換え

ポイント

❶ **文挿入問題**でも「**本文中の言い換え**」が鍵になる！

❷ 本文中の言い換えに気付けば、**文と文のつながり**や**段落間のつながり**が見えてくる！

4. リーディング (Part 6)　57

Q3 解説 (接続副詞問題)

3. 正解 (D)

The office (1)move has nearly come. All of us will lend a hand in making the transition on Friday as smooth as possible. (2)You will be expected to follow these instructions before the big day.

First, empty all cabinets and drawers and place all office supplies in the cardboard boxes that will be provided for the relocation. **Next**, lock your desk drawers so that your desk can be moved more easily and safely. (3)**Finally**, detach all cords from your computer or other devices. Neatly bundle (4)them using cable ties and label each bundle with your name to simplify the setup process at our new location.

(A) After all
(B) Nevertheless
(C) Accordingly
(D) **Finally**

訳
(A) だって〜だから	類	This is because
(B) しかしながら	類	However
(C) それゆえ	類	Therefore
(D) 最後に	類	Lastly

※語注は p.63 を参照。

58　第1部　TOEICの言い換えを知る

1. 正しい接続副詞を選ぶ問題。第2段落では移転前に社員が行うべきことが書かれており、1文目に **First**「最初に」、2文目に **Next**「その次に」という表現を使って、順序立てて指示が行われています。空欄に **Finally**「最後に」を入れると、最後の指示を説明する文となり、自然な流れとなります。よって、(D)が正解。

2. (A) After all は**理由**、(B) Nevertheless は**逆接**、(C) Accordingly は**結果**を表し、どれも流れに合いません。今回は**順序**を表す (D) Finally が適切です。

3. (A) After all は「最後に」という意味では用いないので注意しましょう。また、**文頭**で用いる場合は「**だって〜だから**」という意味になり、This is because と同じように理由を述べる表現として使われます。「**結局**」という意味では主に**文末**で用います。

---

after all の使い方

❶ だって〜だから（文頭、文中、文末で使う）

ex. No one can replace him. <u>After all</u>, he is one of a kind.
誰も彼に代わることはできない。だって、彼は唯一無二の存在だから。

❷ 結局（主に文末で使う）

ex. I thought I would fail the exam, but I passed <u>after all</u>.
試験に落ちると思っていたけど、結局受かった。

※文頭では「結局」という意味で用いないことに注意
※After all は「最後に（Finally）」の意味で使わないことも注意

主な接続副詞まとめ

- **具体**：For example, For instance, In fact, Specifically
- **結果**：Therefore, Accordingly, Consequently, As a result, As such
- **原因**：After all
- **逆接**：However, Nevertheless, On the other hand, Conversely
- **追加**：Also, Besides, Moreover, Furthermore, Additionally, In addition
- **順序**：First(ly), Second(ly), Then, Next, Finally, Last(ly), After that

4. リーディング（Part 6） 59

Q4 解説 (代名詞問題)

4. 正解 (C)

The office (1)move has nearly come. All of us will lend a hand in making the transition on Friday as smooth as possible. (2)You will be expected to follow these instructions before the big day.

First, empty all cabinets and drawers and place all office supplies in the cardboard boxes that will be provided for the relocation. Next, lock your desk drawers so that your desk can be moved more easily and safely. (3)Finally, detach **all cords** from your computer or other devices. Neatly bundle (4)**them** using cable ties and label each bundle with your name to simplify the setup process at our new location.

(A) us
(B) it
(C) **them**
(D) both

訳　(A) 私たちを
　　　(B) それを
　　　(C) それらを・彼ら / 彼女らを
　　　(D) 両方を

※語注は p. 63 を参照。

60　第 1 部　TOEIC の言い換えを知る

1. 正しい代名詞を入れる問題。空欄の前の bundle は「～を束ねる」という意味で、空欄には前文にある **all cords**「全てのコード」を指す代名詞が入るのが自然です。**複数名詞を指す代名詞の them** を入れると、bundle them using cable ties「それら（＝全てのコード）を結束バンドで束ねる」となり、文意に合います。よって、(C) が正解です。

2. **代名詞も言い換えの一種**と言えます。代名詞とは名前の通り、前述の名詞の**代わ**りをする**名詞**のことで、同じ内容を別の言葉に言い換えています。代名詞問題を通して、**本文中の語句のつながりを見抜く力（＝言い換え力）**が Part 6 で問われます。

3. (B) it は単数名詞を指す代名詞なので、名詞の単複が合いません。(D) both は 2 つのものを指す際に用いられますが、前文にある your computer or other devices を指すと考えても、「コンピュータと他の機器の両方を結束バンドで束ねる」となり、意味が通りません。**代名詞問題では正しく文意をつかみ、指す語句やその単複を見極めることが重要です。**

⬇ **言い換えセンテンス**

◀ 23

bundle **all cords**「全てのコードを束ねる」

➡ bundle **them**「それらを束ねる」

ポイント

❶ **代名詞も言い換えの一種。**

❷ 代名詞問題では、正しく文意をつかみ、**本文中の語句のつながりを見抜く力（＝言い換え力）**が問われる！

4. リーディング（Part 6）　61

本文

Questions 1–4 refer to the following instructions.

The office (1)move has nearly come. All of us will lend

a hand in making the transition on Friday as smooth

as possible. (2)You will be expected to follow these

instructions before the big day.

First, empty all cabinets and drawers and place all office

supplies in the cardboard boxes that will be provided

for the relocation. Next, lock your desk drawers so that

your desk can be moved more easily and safely. (3)Finally,

detach all cords from your computer or other devices.

Neatly bundle (4)them using cable ties and label each

bundle with your name to simplify the setup process at

our new location.

日本語訳

問題1〜4は次のインストラクションに関するものです。

オフィスの(1)移転が間近に迫っています。私たち全員で、金曜日にできる限りスムーズに移行できるよう手助けをするつもりです。(2)その大きな日までにこれらの指示に従うことが求められます。

まず、すべてのキャビネットと引き出しを空にし、すべてのオフィス用品を移転用に提供される段ボール箱に入れてください。次に、デスクがより簡単かつ安全に移動できるよう、デスクの引き出しに鍵をかけてください。(3)最後に、コンピュータや他のデバイスからすべてのコードを外してください。(4)それらを結束バンドできちんと束ね、新しい場所でのセットアップが簡単になるよう、それぞれの束に名前のラベルを貼ってください。

語注

【第1段落】 □ **move** 名 移転　□ **nearly** 副 ほとんど、もう少しで
□ **lend a hand** 手伝う
□ **make O C** OをCにする（make 〜 smooth：〜をスムーズにする）
□ **transition** 名 移行　□ **as 〜 as possible** できる限り〜
□ **smooth** 形 スムーズな、円滑な　□ **be expected to do** 〜することを求められる
□ **follow** 動 〜に従う　□ **instructions** 名 指示

【第2段落】 □ **empty** 動 〜を空にする　□ **cabinet** 名 キャビネット、棚
□ **drawer** 名 引き出し　□ **place** 動 〜を置く　□ **office supplies** オフィス用品
□ **carboard box** 段ボール　□ **provide** 動 〜を提供する　□ **relocation** 名 移転
□ **so that S can do** Sが〜できるように　□ **detach X from Y** XをYから取り外す
□ **device** 名 機器　□ **neatly** 副 きちんと　□ **bundle** 動 〜を束ねる　名 束
□ **cable tie** 結束バンド　□ **label** 動 〜にラベルを貼る
□ **simplify** 動 〜を簡単にする　□ **location** 名 場所、店舗

4. リーディング（Part 6）　**63**

Part 6の言い換えまとめ

　このように Part 6 と Part 3, 4, 7 では言い換えのタイプが異なり、視点が異なるという話でした。第2部では Part 3, 4, 7 の言い換えタイプを扱いますが、Part 6 の言い換えタイプについてもここで理解していただければと思います。

❌ 「本文中の言い換え」で英語の本質に迫る

　せっかくなのでもう一歩踏み込んでお話しすると、本文中の言い換えを理解することは、Part 6 の攻略だけでなく、==英語の本質を理解することにもつながります。==

　先ほどの問題で見たように、英語は本文の中で語句・文・段落が有機的につながり、一つの文書を作ります。つまり、逆算的に考えると、このつながりを紐解いていけば、正しく英語を理解できるのです。

　筆者が意図的に編み込んだ**語句の言い換え**や、段落の内容をまとめた**文単位の言い換え**、また**代名詞の言い換え**などのつながりを見ていくと、全体を通して筆者が伝えたいメッセージが見えてきます。==点と点がつながり、線となり、そして面となり、英文が立体的に見えてくるようになるでしょう。==

　メールや請求書などの情報伝達を主とする文書であればそこまで深く考える必要はないかもしれませんが、==多くの方が苦手とする、記事などの内容が込み==

入った文書では、本文中の言い換えを見抜く力が大きな効果を発揮します。

第2部では Part 3, 4, 7 の言い換えタイプをトレーニングしていきますが、Part 6 やその他の英語を読む際には「本文中の言い換え」にも目を向けて、英文を紐解いていく楽しさを感じてみてください。

出るパラフレーズ

●言い換えをさらに深める

ここまで解説を読んで、リーディング（Part 6）での言い換えの重要性がわかってきたはずです。

言い換え力をさらに深めるために、同じテーマの言い換え表現を「出るパラフレーズ」としてリストアップします。

Q1 言い換えセンテンス

transition「移行」、relocation「移転」、
at our new location「私たちの新しい場所で」
➡ move「移転」

出るパラフレーズ「移転・引っ越し」

- □ move / relocation / transfer　移転
- □ move to / relocate to / transfer to　〜に移転する

🧑 これらの引っ越し3兄弟の言い換えは頻出です。

- □ mover / moving company　引っ越し業者
- □ moving van　引っ越しトラック
- □ new apartment [place]　新しいアパート［家］
- □ transition　移行、移行する　□ transit　輸送
- □ settle in　〜に移住する、（新しい環境に）慣れる
- □ How do you like your new apartment?　新しいアパートはどう？

🧑 How do you like 〜? は感想を聞く重要表現です。

🧑 オフィスの移転や新居への引っ越しのテーマはTOEICで頻出です。

4. リーディング（Part 6）

5. まとめ

第1部 まとめ

　ここまでの解説を通して、言い換えの重要性がわかってきたと思います。多くの場合、**正解の選択肢は本文の言い換えです**。逆に、同じ単語を使った言い換えられていない選択肢はひっかけである可能性が高く、何も考えずに飛びつくと非常に危険です。**巧妙に仕掛けられたひっかけを避けながら、「言い換え」を正しく見抜いて正解を選べるように訓練していきましょう。**

　以下で言い換えとひっかけのパターンをまとめます。

● 主な言い換えパターン

> **❶ 語句単位の言い換え**
>
> ⑴ 同義語(類義語)の言い換え
> 　*ex.* complimentary ➡ free
>
> ⑵ 上位語の言い換え
> 　*ex.* take a train ➡ use public transportation
>
> ⑶ 関連語の言い換え
> 　*ex.* hospital / doctor / medical ➡ healthcare
>
> **❷ 文単位の言い換え**
>
> 　*ex.* M: I think my schedule for next week has just been fixed. Why don't I give you a call back in about an hour?
> 　➡ The man will probably check his availability next.

66　第1部　TOEICの言い換えを知る

● Part 3, 4, 7と Part 6の言い換えタイプ

❶ Part 3, 4, 7
「設問 ➡ 本文」「本文 ➡ 選択肢」の言い換え

ex. (設問) what is provided in the break room?
➡ (本文) ... available in the break room
ex. (本文) the complimentary reusable mugs
➡ (選択肢) Free cups

❷ Part 6
「本文 ➡ 本文」の言い換え (本文中の言い換え)

ex. (本文) move ➡ (本文) transition ➡ (本文) relocation
ex. (本文) these instructions ➡ (本文) 第2段落全体
ex. (本文) all cords ➡ (本文) them

● 主なひっかけパターン

❶ 単語ひっかけ…同じ / 似た単語を使ったひっかけ
❷ スリカエ………一部の単語をすり替えたひっかけ

ex. M: I'll be **delivering a speech** at an **annual** industry
convention as his **replacement**.

Q. What does the man say he will do tomorrow?

(A) Celebrate an **anniversary** ×:単語ひっかけ
(B) **Speak** at a **conference** ○:言い換え
(C) **Deliver** a shipment ×:単語ひっかけ (スリカエ)
(D) **Replace** a floor tile ×:単語ひっかけ (スリカエ)

5. まとめ　**67**

第 2 部

言い換え
トレーニング

第2部で学ぶこと

　第2部では実際の TOEIC 形式ではなく、オリジナルの問題形式で言い換えトレーニングを行います。例題として、第1部で解いた Part 7 をオリジナル形式で解いてみましょう。

　解き方としては、**❶英文の状況設定**をもとに、**❷本文の抜粋**を読み、**❸正解となる選択肢**がどのような言い換えになるかを考えます。その際、4択形式の**❹ヒント**を参考にしましょう。上級者の方は適切な負荷をかけるために、ヒントなしで解く高地トレーニングもおすすめです。初中級者の方は**❺語注**も活用してください。

　問題を解いたら、次のページで解答・解説を確認しましょう。（解説ページの詳しい活用方法はトレーニング・プログラム (p. 76) で詳しく解説。）

70　第2部　言い換えトレーニング

例題

会社の環境への取り組みを説明する文で ❶

❷
┌─ **本文の抜粋** ─────────────────────────┐

Feel free to use the complimentary reusable mugs
available in the break room.

└─────────────────────────────────────┘

⬇ 言い換え

❸
┌─ **正解となる選択肢** ───────────────────────┐

------- cups are provided in the break room.

─────────────────────────────────────

ヒント　　(A) Complementary ⎫
　　　　 (B) Refreshing　　 ⎬ ❹
　　　　 (C) Free　　　　　 ⎪
　　　　 (D) Disposable　　 ⎭

└─────────────────────────────────────┘

❺　□ **feel free to do**　自由に〜する
　　□ **complimentary**　形 無料の
　　□ **reusable**　形 再利用可能な
　　□ **mug**　名 マグカップ
　　□ **available**　形 利用可能な
　　□ **break room**　休憩室
　　□ **provide**　動 〜を提供する

　　□ (A) **complementary**　形 補完的な
　　□ (B) **refreshing**　形 さわやかな
　　□ (C) **free**　形 無料の
　　□ (D) **disposable**　形 使い捨ての

●解説ページ

例題：無料　(C) Free

言い換えセンテンス

Feel free to use the **complimentary** reusable **mugs available** in the break room.

➡ **Free cups** are **provided** in the break room.

訳▶ 休憩室で利用できる無料の再利用可能なマグカップをご自由にお使いください。
　➡ 無料のコップが休憩室で提供されている。

1. **complimentary**「無料の」が **free**「無料の」に言い換えられています。**同義語（類義語）の言い換え**です。

2. また、**mug**「マグカップ」が **cup**「コップ」に、**available**「利用可能である」が **provided**「提供されている」に言い換えられています。これらも**同義語（類義語）の言い換え**です。

3. (A) Complementary は「補完的な」という意味で、「無料の」という意味ではありません。(B) は Refreshing と reusable、(D) は Disposable と reusable の単語ひっかけです。(D) Disposable は「使い捨ての」という意味で、「使い捨て＝再利用できない」と解釈し、本文と意味が真逆であることに気付くこともポイントです。

出るパラフレーズ「無料」

☐ **free / complimentary**　無料の
☐ **for free / for nothing / free of charge**　無料で
☐ **at no cost / without charge**　無料で

🧑 free は fee「料金」との見間違いに注意しましょう。よくひっかけの選択肢に入っています。無料と有料（料金がかかる）では大きく意味が異なりますね。

🧑 complimentary「無料の」は complementary「補完的な」との見間違いに注意しましょう。

🧑 free と complimentary の言い換えは本当に正解によく絡みます。

72　第2部　言い換えトレーニング

正解は (C) Free で、本文の complimentary の言い換えになっています。先ほどの TOEIC 形式と同様に、「Free ➡ complimentary」の言い換えを見つけることがポイントです。

なぜこの形式で学ぶのか

このように、第2部の問題は実際の TOEIC 形式ではなく、解答に絡む部分のみを抜粋した「ミニチュア TOEIC」のような形式になっています。では、なぜこのような特殊な形式で学ぶ必要があるのでしょうか？ これには4つの明確な理由があります。

1 言い換え力を最も効率的に鍛えることができる

もちろん、実際の TOEIC の問題を解いても言い換え力は身に付きますが、正直あまり効率がよくありません。1模試に含まれる200問のうち、頻出の言い換え表現に触れられるのはごく一部で、そのために2時間を費やすのはタイパ（タイムパフォーマンス＝時間対効率）がよくありません。言い換え力を鍛えることに焦点を当てた場合、本書の形式で学ぶことが最も効率がよいでしょう。

スポーツに例えるとわかりやすいかもしれません。スポーツでも実際の試合形式だけではなく、筋トレ・走り込み・シュート練習などの本番とは違う形式の部分トレーニングを行いますよね。強化したい項目に合わせた特化型のトレーニングを行うことで、最も効率的にその力を鍛えることができるのです。本書は問題集ではなく、言い換え力を鍛えるためのトレーニング本だと考えてください。

パワー強化

持久力強化

テクニック強化

2 言い換えセンテンスで正解を「覚える」

このミニチュア TOEIC の形式は、無駄を極限までそぎ落とし、解答に必要な部分のみをギュッと凝縮したものです。2文の「言い換えセンテンス」は**正解のエッセンス**と言い換えることができます。この問題形式でインプットすることは、TOEIC の**正解を覚える**ことに等しいと言えるでしょう。

本書を使うことで、言い換え力を最も効率的に鍛えると同時に、TOEIC の**正解を覚える**ことができます。スコアアップに直結するトレーニングが本書で可能になるのです。

3 満点講師陣が厳選した正解の決め手77選

また、本書では扱う言い換え表現は TOEIC で頻出のものばかりです。**著者（森田、あ〜る、清田）は毎回 TOEIC を受験し、990点満点を何度も獲得している（森田は100回以上）TOEIC 対策のエキスパートです。**これまでの受験経験や指導経験から、TOEIC で本当によく出る言い換え表現のみを77テーマ厳選しました。**本書には TOEIC でハイスコアを獲得するためのエッセンスが凝縮されています。**本書を使うことで、TOEIC 頻出の言い換え表現だけを効率的に学ぶことができます。

4 「テーマ別対策」と「出るパラフレーズ」で 体系的かつ立体的な言い換えネットワークが身に付く

第2部ではテーマ毎に言い換え表現を学んでいきます。実際の問題集では言い換え表現にランダムに出会うしかありませんが、**本書であれば「体系的に」言い換え表現を学ぶことができます。**

Unit 1：TOEIC あるある
Unit 2：TOEIC 最頻出テーマ
Unit 3：ビジネステーマ1 (採用・人事)
Unit 4：ビジネステーマ2 (その他)
Unit 5：森問題
Unit 6：重要動詞
Unit 7：重要名詞
Unit 8：重要形容詞／副詞／構文など

また、第2部の解説ページには「出るパラフレーズ」として、その問題に関連する言い換え表現がまとめられています。同じテーマに出てくる言い換え表現を一緒に覚えていくことで、言い換え力が「立体的に」なっていくはずです。

　本書を使って言い換え表現を学ぶことで、体系的かつ立体的な「言い換えネットワーク」を身に付けることができます。これを通常の問題集を使って同じように学ぶことは不可能です。おそらく数年の年月がかかるでしょう。言い換え力を最も効率的に鍛えることができるのが本書です。本書は TOEIC 言い換え対策のバイブルと言えるでしょう。

言い換えネットワーク

トレーニング・プログラム

ここからはもっと具体的に第2部でのトレーニング方法を紹介します。学習効率を最大限に高めるために、以下の4ステップで取り組むことがおすすめです。

> **1 アウトプットファースト**
> 問題を解く
>
> **2 インプット**
> ① 解説の熟読
> ② 「言い換えセンテンス」と「出るパラフレーズ」を覚える
>
> **3 インテイク**
> ① 音声を活用する　② 辞書を引く　③ 補足情報を書き込む
>
> **4 アウトプット**
> ① 確認問題を解く　② 何周も繰り返す

1 アウトプットファースト

まずは問題を解いてみましょう。今の自分の力でどこまでわかるかを確かめます。

❌ 適切な負荷をかける（i＋1）

最初のアウトプット時に適切な負荷がかかると、その後のインプット吸収率がぐっと高まります。理想は自分のレベル（i）よりも少し難しい（＋1）と感じるくらいがベストです。これを「i＋1」と言います。

本書では以下のように工夫することでレベル調整が可能です。

> ● 初級者：ヒントありで解く（語注も活用）
> ● 中級者：ヒントありで解く
> ● 上級者：ヒントなしで解く　★高地トレーニング

また、1周目はヒントありで解く、2周目以降はヒントなしで解く、といった形で徐々に負荷を上げていく方法も良いでしょう。最終的には本文の抜粋を見た瞬間に、どのような言い換えが来るか予想できる（言い換えのにおいがする）くらいになると完璧です。

② インプット

問題を解いたら、①解説の熟読および、②「言い換えセンテンス」と「出るパラフレーズ」を覚えていきましょう。

① 解説の熟読

解説は3ステップになっています。1は正解の解説、2は正解の補足解説、3は不正解の解説（ひっかけなど）、という構成です。**1だけでなく、2, 3まで熟読するようにしましょう。** より深い学びを得ることができます。

今回の解説を読めば、「free ➡ complimentary」以外の言い換え表現も学ぶことができます。また、不正解が全て単語ひっかけであることがわかり、disposable という難単語の意味も知ることができます。**本書では不正解選択肢にも TOEIC で押さえるべき重要表現をたくさん盛り込みました。** 不正解根拠まで丁寧に確認することで、言い換えやひっかけを学びながら、**同時に語彙力も鍛えられる形式になっています。** 語彙力強化が Part 5 など他のパートにも活きてくるはずです。

②「言い換えセンテンス」と「出るパラフレーズ」を覚える

解説を理解したら、「言い換えセンテンス」と「出るパラフレーズ」を覚えていきましょう。

「言い換えセンテンス」 は TOEIC の正解を凝縮したエッセンスの塊です。**正解を「覚える」** つもりで、暗唱できるくらいになるまで何度も音読しましょう。第2部は全部で77問あるため、**77 セットの言い換えセンテンス（合計154 文）を頭に入れれば TOEIC 戦闘力は限りなく最強に近づくはず**です。

「出るパラフレーズ」 では、問題に出てきた表現の同義語、類義語、関連語、派生語などがまとめられています。同じトピックの英文で頻出のものばかりなので、**必ずそれらの表現が使われる「場面をイメージ」しながらインプットしてください。**

特に重要な表現や面白い表現に関しては、記憶に残りやすいように著者のワンポイント解説が補足されています。TOEIC あるあるや語源の解説などを通して記憶を強化し、言い換え表現を覚えていきましょう。

❌ グルグル勉強法を取り入れる！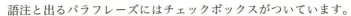

　語注と出るパラフレーズにはチェックボックスがついています。
　まず、自分の知らない語句、覚えていない単語をはっきりさせましょう。覚えた単語にはチェックを入れて、最終的にこの本のチェックボックスがすべて黒くなるまで続けてください。
　そして、復習する際は、覚えていない単語のみに集中してください。完全に覚えた単語に時間をかける必要はありません。復習すればするほど、覚えていない単語が減っていき、復習時間も短縮されます。時間を短縮できた上に、自分の弱点の補強をできるのですから、これほど効率のいい勉強方法はありません。覚えていないものだけを効率よく記憶する**グルグル勉強法**（弁護士でTOEIC満点保持者の中川徹氏が命名）といわれる勉強法です。一度この本をやると決めたら他の本に浮気せずに、本が真っ黒になるまで使ってください。

※各問題の下欄に、グルグル復習をやって日付を記入する欄があります。5周目までの欄を用意していますが、5周はあくまで目安です。5周してもあやふやな単語があったら、余白に日付を記入して覚えきるまでやってみてください。結果は必ずついてきます。

グルグル勉強法の3ステップ

チェックボックス（□）を上手く使って効果的に覚えよう！

❶【1周目】知っている単語と知らない単語にわける（仕分け）。
　⇨ 知っている単語：☒（✕を書く）
　⇨ 知らない単語　：□（そのまま）

**❷【2周目以降】知らない単語（□）のみを覚える。
　知っている単語（☒）は一旦放置。**
　⇨ 覚えた単語：☒（✕を書く）
　⇨ 曖昧な単語：╱（／を書く。確実に覚えたら＼を入れて☒にする）
　⇨ 覚えていない単語：□（そのまま）
　⇨ 苦手な単語：◯（○を書く。目立つようにして何度も見て覚える）

❸ 全ての単語が「☒」になるまで何周もグルグル回す。
　※定期的に「☒」の単語を見直したり、ランダムに開いたページ
　　をテストするのも効果的です。

暗記マーカーを使う

英単語はただ眺めるだけでなく、覚えたい部分を隠してテストすることでより記憶に定着します。その際に必須のアイテムが暗記マーカーと赤シートです（画像参照。Amazonから引用）。

グルグル勉強法にあるように、まずは仕分けを行い、覚えるべき単語を確認します。そしてその単語に暗記マーカーを引き、2周目以降はその部分を赤シートで隠してテストを行ってください。なお、付属の消しペンを使えば、覚えた単語のマーカーを消すことができます。

暗記マーカーを引く方法は、主に以下の2通りがあります。

❶ **日本語を隠す**　*ex.* complimentary　無料の
- 英語 ⇨ 日本語 の順番で覚える
- 受動語彙になる（Listening/Reading 向き）
- 初中級者向け

❷ **英語を隠す**　*ex.* complimentary　無料の
- 日本語 ⇨ 英語 の順番で覚える
- 能動語彙になる（Speaking/Writing 向き）
- 上級者向け

※頭文字を残して消す、前置詞だけを消すなども可能

TOEIC は LR のテストなので、❶が一般的です。ただし、出るパラフレーズは同じテーマに出てくる言い換え表現なので、❷も効果的です。例えば、「無料」の言い換え表現であれば、以下のように、英語にマーカーを引くのもおすすめです。ここでも「i + 1」を意識して、適度な負荷をかけながら覚えていってください。

出るパラフレーズ「無料」

- □ free / complimentary　無料の
- □ for free / for nothing / free of charge　無料で
- □ at no cost / without charge　無料で

3 インテイク

　インプットした表現をさらに定着させ、使える知識に変えていくためには「インテイク」が必要です。**インテイクとは、インプットよりもさらに深く知識を内在化させるための作業です。**

　具体的には、①音声を活用する、②辞書を引く、③補足情報を書き込む、などがあります。

---

❶ 音声を活用する
　⇨ 定着度アップ
　⇨ Listening / Speaking 力アップ

❷ 辞書を引く
　⇨ Part 5〜6 (Reading) の解答力アップ
　⇨ Speaking / Writing 力アップ

❸ 補足情報を書き込む
　⇨ 最新の言い換え表現集にアップデート
　⇨ 自分だけの言い換え表現を書き込んで「一冊を自分色」に

---

① 音声を活用する

　言い換えセンテンスと出るパラフレーズには、音声が収録されています。**目だけでなく、耳も活用して覚えましょう。**

　何度も繰り返し聴くことによって、覚えたての単語が、短期記憶から**長期記憶に移行**していきます。一度長期記憶にインプットされれば、**掛け算九九**のように、忘れない記憶となります。

　「何度も聴く」という作業が最近は手軽にできるようになりました。ぜひ、スマホやモバイルプレーヤーを使って、通勤・通学時間なども有効に活用してください。

　また、音声を聴き、さらに自分でも声に出すことで、表現を覚えやすくなるだけでなく、**Listening 対策、さらには Speaking 対策にもなります。**

80　第2部　言い換えトレーニング

② 辞書を引く

　また、辞書を引くことで、言い換え表現をより深く学ぶことができます。語義の説明や例文を読むことで、類義語のニュアンスの違いや、語法 / コロケーションなどの知識を得ることができます。その知識は **Part 5～6（文法 / 語彙問題）での解答力アップ**につながり、アウトプット力にもつながるので **Speaking / Writing 対策**にもなります。まずは本書の「出るパラフレーズ」を使って大まかなグループで覚え、そこからさらに辞書を引いて知識を深めていきましょう。

❌ 紙の辞書と電子辞書のどっちがいい？

　辞書は紙の辞書でも電子辞書でも構いません。最近ではスマホでも辞書が使えますね。おすすめは「物書堂」というアプリで、複数の辞書の串刺し検索（横断検索）などの機能があり、とても便利です。何よりスマホであれば「いつでもどこでも辞書を引ける」という点が大きなメリットだと思います。一番重要なのは辞書を引くことを日々の習慣にすることです。そのために自分がもっとも使いやすいものを選びましょう。（2024年時点で物書堂は iOS のみ対応）

❌ 英和辞典、和英辞典、英英辞典どれがいい？

　また、英和辞典だけでなく、**和英辞典、英英辞典、類義語辞典**などを使うのもおすすめです。

　和英辞典は「日本語 ⇨ 英語」の順番で検索できるので、同じ意味を持つ英語表現を知ることができます。例えば、「無料」と検索すると、free / complimentary などの英語表現が出てきます。

　英英辞典は英語を英語で説明してあるので、言い換え学習にピッタリです。言い換えとはまさに「英語を別の英語で説明すること」ですね。例えば、「free」と検索すると costing nothing や provided without charge などの定義がされています。

　類義語辞典はシソーラス（thesaurus）とも呼ばれ、類義語をまとめて見ることができます。例えば、「free」と検索すると complimentary / free of charge などの表現が出てきます。

　普段の英語学習では英和辞典を使いがちですが、**和英辞典、英英辞典、類義語辞典**なども上手く活用することで、より効率的に言い換え表現を学ぶことができます。

③ 補足情報を書き込む

　さらに、辞書で調べた補足情報をテキストに書き込み、**「自分で育てた言い換え表現集」** に仕上げていきましょう。

　類義語のニュアンスの違いや、語法／コロケーション、別の問題集や公開テストで出会った言い換え表現を書き加えていくのも良いですね。今後もTOEICの難化が進み、新しいパターンの言い換えも出てくるはずです。**本書で厳選した言い換え表現の土台を補強する形で、日々アップデートさせていってください。**

　このように、自分だけの参考書にアレンジしていくことで愛着もわき、言い換え学習がさらに楽しくなるはずです。

イメージ

⇅ 出るパラフレーズ「無料」

☐ **free / complimentary**　無料の　——→　ex. complimentary
☐ **for free / for nothing / free of charge**　無料で　｜ breakfast
☐ **at no cost / without charge**　無料で　｜ beverage
　　(additional)　(extra)

☐ on the house
　　店のおごりで

82　第2部　言い換えトレーニング

問題集や模試との併用でさらに効果アップ

　本書を使って言い換え表現を覚えつつも、問題集や模試を使って実際のTOEICの問題にも触れていきましょう。

　本書で行うのは**言い換え強化のための特化型トレーニング**であり、本番形式の実践演習は問題集や模試を使って行わなければなりません。トレーニングで身に付けた武器を試すために、問題集や模試を併用してください。

言い換えトレーニング
@本書
（特化型トレーニング）

実践演習
@問題集・模試
（練習試合）

　問題集や模試を解く中で、実際に本書で紹介したものと同じような言い換えに出会うはずです。その度に理解が深まり、「本当に出てる！」「言い換えに気付けた！」など、モチベーションアップにもつながるでしょう。問題集や模試との併用で相乗効果を感じられるはずです。

　このように、①音声を活用する、②辞書を引く、③補足情報を書き込む、などを行い、知識を内在化させていきましょう。受動的なインプットだけでなく、**能動的な「インテイク」を入れていくことで、学んだ言い換え表現が血肉となり、LRのみならずSWでも活かされる大きな武器になってくれるはずです！**

4 アウトプット

インプットとインテイクのあとは、再びアウトプットを行い知識の定着を確認していきましょう。具体的には、①確認問題を解く、②何周も繰り返す、などがあります。

① 確認問題を解く

各 Unit の最後には確認問題がついています。次の Unit に行く前に必ず解き、覚えた言い換え表現のアウトプットを行いましょう。確認問題は「出るパラフレーズ」から出題しています。忘れていた表現は必ず該当ページに戻って確認し、定着度を高めてください。

② 何周も繰り返す

全ての Unit が終わったら2周目に入り、定着するまで何周も繰り返しましょう。最低でも3周は行いましょう。1周だけで終えてしまうと、得られる効果が激減し、損をしてしまいます。

何周も繰り返す目的は「長期記憶」と「自動化」につなげるためです。

❌ 短期記憶と長期記憶

記憶には2種類あり、「短期記憶」と「長期記憶」があります。短期記憶とは、定期テスト前に詰め込んだような記憶で、時間が経つとすぐに忘れてしまいます。一方、長期記憶は、掛け算九九のように時間が経っても覚えている記憶です。当然目指すべきは「長期記憶」であり、頑張って覚えた言い換え表現を時間が経っても忘れないようにしっかりと定着させなければなりません。

そのためには反復が必要です。脳には「海馬」と呼ばれる場所があり、そこに何度も信号を送り続けないと、それが「長期記憶」にすべき重要な情報であると認識してもらえないのです。脳の仕組みを理解して、意識的に反復しなければなりません。

84　第2部　言い換えトレーニング

❌ 知識の自動化

　また、長期記憶にすることで、知識の「自動化」につながり、英文の処理速度が上がります。

　TOEICで求められるのは自動化された英語力です。大量の英語を短時間で処理するためには、知識が自動化されてないといけません。英文を見て「えーっと、この単語は、、、」と考えているうちにどんどん時間は過ぎ去ります。リスニングであれば、悩んでいるうちに次の問題が読み上げられ、聞き逃してしまうでしょう。

　英語を見て/聞いて瞬時に内容が理解できるという状態が自動化であり、そのレベルまで知識を引き上げていく必要があります。**つまり、「わかる」を「できる」につなげるために、反復が必要なのです。**1周目でゆっくり理解したものを「長期記憶」と「自動化」につなげるために何周も取り組むようにしましょう。

短期記憶	長期記憶
×時間が経つとすぐ忘れる	○時間が経っても忘れにくい
×自動化していないので処理速度が遅い	○自動化されているので処理速度が速い
×反復の回数が足りない	○何度も反復して海馬に信号を送り続ける必要がある

❌ 継続・完走するために

　なお、何周も反復するためには、1周あたりのテンポを良くすることも大切です。アウトプットやインテイクを加えてじっくり取り組みつつも、**まずはある程度の完成度で1周終わらせることを意識しましょう。**完璧を目指すのは2周目以降でかまいません。

　これが参考書学習を、継続し、完走するためのコツです。英語学習は継続が不可欠なので、持続可能なバランスを見つけながら着実に進めていきましょう。

トレーニング・プログラムまとめ

1 アウトプットファースト
問題を解く

2 インプット
① 解説の熟読
② 「言い換えセンテンス」と「出るパラフレーズ」を覚える

3 インテイク
① 音声を活用する　② 辞書を引く　③ 補足情報を書き込む

4 アウトプット
① 確認問題を解く　② 何周も繰り返す

　以上、トレーニング・プログラムの4ステップになります。学習効率を最大限に高めるための方法です。

　単なるインプットにとどまらず、アウトプットとインテイクを組み込むことで、言い換え表現がどんどん自分のものになっていくのを感じられるはずです！

❌ 第3部「飛躍するトレーニング」の「言い換えセンテンス77」を使って、
総復習をする（直前対策にも）

　これまでの総復習や公開テストの直前対策には、第3部の**「言い換えセンテンス77」**を活用しましょう。ここでは各問題の言い換えセンテンスが一覧になっています。

　このリストの中から、公開テストでも似たような言い換えが出るはずです。

　また、言い換えに気付くためのアンテナが立ち、一気に「TOEICモード」になれるでしょう。「公開テスト直前対策は何をやったらわからない」という方には、本書の「言い換えセンテンス77」が心強い味方になってくれます。

❌ 第3部「飛躍するトレーニング」の「もりてつファイル」を使って、
さらに言い換え力アップ

　第2部の言い換え表現も覚えてしまい、さらに高みを目指したい方は第3部の**「とっておきのもりてつファイル 頻出言い換え330」**を活用しましょう！

　「もりてつファイル」とは**990点満点を100回以上取得する**著者森田鉄也が公開テストで出会った言い換え表現をまとめた表現集です。400近くある表現から、第2部で扱わなかったものを330個厳選し、さらに品詞別・頻度別に分けて学習しやすいように整理しました。

　中には高得点者も唸らせるような言い換え表現が並んでいます。「もりてつファイル」を活用して言い換え力をブーストさせましょう！

TOEIC あるある
10問

TOEICでは
いろんなトラブルが起こります。
まずはよく起こる
「TOEICあるある」のテーマをもとに
頻出の言い換え表現を
覚えていきましょう。

1 Rasmussen Flooring 社が書いたメールにて

本文の抜粋

Our Web site is experiencing technical difficulties.

⬇ 言い換え

正解となる選択肢

Rasmussen Flooring's Web site is not ------- properly.

ヒント   (A) fitting
            (B) selling
            (C) working
            (D) dressing

□ **experience** 動 〜を経験する
□ **technical** 形 技術的な
□ **difficulty** 名 問題
□ **properly** 副 適切に

□ (A) **fit** 動 (スペースなどに) 収まる
    □ **fit nicely [neatly]** ぴったり収まる
□ (B) **sell** 動 売れる
    □ **sell well [quickly]** よく売れる
□ (C) **work** 動 (機械などが) 作動する
    □ **work properly** 適切に作動する
□ (D) **dress** 動 服を着る
    □ **dress properly** 適切な服を着る

Unit 1：TOEICあるある 10問　91

1 故障 (C) working

↓ 言い換えセンテンス1

(25

Our Web site **is experiencing technical difficulties**.

→ Rasmussen Flooring's Web site **is not working properly**.

訳▶ 当社のウェブサイトにおいて技術的な問題が起こっています。
→ Rasmussen Flooring 社のウェブサイトは正常に動いていない。

1. **技術的な問題が起こっている (is experiencing technical difficulties)** とあるので、ウェブサイトが**正常に動いていない (is not working properly)** ことがわかります。「故障」に関する関連語の言い換えです。

2. work には「作動する (function)」という意味があり、機械の故障を表す際によく使われます。work properly のコロケーションも頻出です。

3. 他の選択肢は今回の文意には合いませんが、副詞とのコロケーションを覚えてほしい表現です。(A) fit nicely [neatly]、(B) sell well [quickly]、(D) dress properly という形でインプットしておきましょう。(詳しくは前ページの語注を参照)

↑↓ 出るパラフレーズ「故障」

(26

☐ **not work [function] properly**　正常に動かない
☐ **out of order**　故障中　☐ **out of service**　運転休止中
☐ **broken**　壊れた　☐ **damaged**　損傷した
☐ **defective / flawed / faulty**　欠陥のある
☐ **defect / flaw / fault**　欠陥
☐ **malfunction**　故障、正常に動かない
☐ **glitch**　故障、故障する　☐ **breakdown**　故障
☐ **technical difficulties [problems] / mechanical issues**　技術的問題

TOEIC ではコピー機などの機械の故障がよく起こります 。

| 1 | / | 2 | / | 3 | / | 4 | / | 5 | / |

92　第2部　言い換えトレーニング

2 ソフトウェアのメーカー（Linden Company 社）の公式サイトに出ている文
（Travers さんはソフトウェアを購入した会社の担当者）

本文の抜粋

If you encounter a malfunction, please click here to contact us.

 言い換え

正解となる選択肢

Ms. Travers should contact Linden Company to report -------.

ヒント
(A) a profit
(B) a signal
(C) on progress
(D) a problem

- □ **encounter** 動 〜に直面する
- □ **malfunction** 名 故障、不具合
- □ **contact** 動 〜に連絡する
- □ **report** 動 （〜を）報告する

- □ (A) **profit** 名 利益
- □ (B) **signal** 名 合図
- □ (C) **progress** 名 進捗
- □ (D) **problem** 名 問題

2 問題・解決　(D) a problem

↓ 言い換えセンテンス2　◀27

If you encounter a **malfunction**, please click here to contact us.

→ Ms. Travers should contact Linden Company to report a **problem**.

訳▶ 不具合が見つかった場合は、ここをクリックして私どもにご連絡ください。
→ Travers さんは問題を報告するために Linden Company 社に連絡を取らなければならない。

1. 不具合 (**malfunction**) が見つかった場合はご連絡くださいとあるので、Travers さんは問題 (**problem**) を報告するために連絡を取るということがわかります。「問題」を表す表現の言い換えです。malfunction よりも problem の方が意味が広いので、上位語化による言い換えとなります。

2. malfunction は主に機械の不具合 (問題) を表す際に使われる重要語です。malfunction の mal- は「悪い」という意味で malaria「マラリア」と同じ語源です。

3. (A) は利益、(B) は合図、(C) は進捗で、機械の不具合を報告するという内容に合いません。

↑↓ 出るパラフレーズ「問題・解決」　◀28

□ **problem / issue / matter**　問題
□ **difficulty / trouble / challenge**　困難
□ **hurdle / obstacle**　困難、障害
□ **solve / resolve / fix / settle / work out / sort out**　(問題) を解決する

😀 fix には「〜を修理する (repair)、〜を固定する (secure)」等の意味もあります。

😀 work out には「上手くいく (succeed)、運動する (exercise)、〜を考案する (devise)」等の意味もあります。

94　第2部　言い換えトレーニング

3 商品を買ってくれた顧客への返信（本文中にある3文を抜粋）

本文の抜粋

① Thank you for your comments. ② We are very sorry for the inconvenience. ③ Please accept this 20% discount on your next purchase.

⬇ 言い換え

正解となる選択肢

The purpose of the e-mail is to ------- a complaint.

ヒント
(A) address
(B) make
(C) dismiss
(D) forward

□ **inconvenience** 名 不便
□ **accept** 動 〜を受け取る
□ **purchase** 名 購入
□ **complaint** 名 不平、苦情、クレーム
　　□ 派 **complain** 動 不満を言う
　　□ claimは「〜を主張する」や「〜を受け取る」という意味。

□ (A) **address** 動 〜に対処する
　　□ **address a complaint** クレームに対処する
□ (B) **make a complaint** クレームをつける
　　□ 類 **file/lodge** a complaint 苦情を申し立てる
□ (C) **dismiss** 動 〜を退ける
　　□ **dismiss a complaint** クレームを退ける
□ (D) **forward** 動 〜を転送する
　　□ **forward a complaint** クレームを転送する

Unit 1：TOEICあるある 10問　95

③ 対処　(A) address

言い換えセンテンス3

〔29〕

① Thank you for your comments. ② We are very **sorry** for the inconvenience. ③ Please accept this 20% **discount** on your next purchase.

➡ The purpose of the e-mail is to **address a complaint**.

訳▶ ①コメントありがとうございます。②ご不便をおかけして大変申し訳ありません。③この20%の割引を次回の購入のために受け取ってください。
➡ メールの目的はクレームに対応することである。

1. ①で感謝を述べ、②で**謝罪し (sorry)**、③でお詫びのしるしとして**割引 (discount)** を提供しているで、メールの目的は**クレームに対応すること (address a complaint)** だとわかります。複数の文の内容を要約した文単位の言い換えです。クレーム対応のパターンとして「謝罪➡おわび」という定番の流れを押さえておきましょう。

2. address は「住所、〜に演説する・演説、〜を向ける、〜に対処する」などの複数の意味を持つ多義語です。今回のように「(問題など) に対処する」という意味でも使われることを知っておきましょう。

3. 他の選択肢はどれも「クレームに対応する」という意味になりません。(B)はクレームをつけるという内容になり、立場が逆になります。

出るパラフレーズ「対処」

〔30〕

- □ **address / handle / tackle**　〜に対処する
- □ **deal with / cope with**　〜に対処する
- □ **take care of**　〜に対処する
- □ **respond to / attend to**　〜に対処する
　※**attend** [他動詞] 〜に出席する

これらの表現はセットになる前置詞も合わせて覚えておきましょう。前置詞との相性を問う問題や自動詞or他動詞を問う語法の問題でも問われることがあります。

| 1 | 2 | 3 | 4 | 5 |
| / | / | / | / | / |

96　第2部　言い換えトレーニング

4 Jarvis さんが書いたメールにて

--- **本文の抜粋** ---

The ceiling has developed a water leak.

⬇ 言い換え

--- **正解となる選択肢** ---

The type of problem Mr. Jarvis mentions is related to
-------.

ヒント　　(A) landscaping
　　　　　(B) plumbing
　　　　　(C) transcribing
　　　　　(D) artwork

□ **ceiling** 名 天井
□ **develop** 動 (問題など) を起こす
□ **leak** 名 漏れること
□ **be related to** ～に関連している

□ (A) **landscaping** 名 造園
□ (B) **plumbing** 名 配管
□ (C) **transcribe** 動 ～を書き写す
□ (D) **artwork** 名 芸術作品

Unit 1：TOEICあるある 10問　　97

4 配管　(B) plumbing

言い換えセンテンス 4

The ceiling has developed a **water leak**.
→ The type of problem Mr. Jarvis mentions is related to **plumbing**.

訳▶ 天井が水漏れを起こしてしまいました。
→ Jarvis さんが話題に出している困りごとの種類は配管に関するものである。

1. 天井の**水漏れ (water leak)** について話しているので、水道の**配管 (plumbing)** に関する問題があるとわかります。「水道工事」に関する関連語への言い換えです。TOEIC では水道工事に関する話がよく出ます。

2. plumbing (配管) の発音は「プラミング」で、b を発音しないので注意しましょう。派生語の plumber (配管工) も発音は「プラマー」です。リスニングで問われても聞き取れるようにしておきましょう。

3. (A) は庭の手入れ、(C) は文字の書き写し、(D) は芸術、に関することなので、水漏れとは関係なく文意に合いません。

出るパラフレーズ「配管」

☐ **plumbing** 配管　☐ **plumber** 配管工

plumber「配管工」は TOEIC 頻出の職業です。スーパーマリオのマリオの職業でもありますね。

☐ **water leak [leakage]** 水漏れ

leak は情報漏洩の文脈でも使われます。液体 (気体) や情報が外に漏れるイメージで覚えておきましょう。

☐ **water pipe** 水道管　☐ **sink** (台所などの) 流し
☐ **drainage** 排水　☐ **drain** 排水する
☐ **sewage** 下水　☐ **sewer** 下水道

配管に関連する語を芋づる式でインプットしていきましょう。

5 建設プロジェクトの進捗状況を伝える記事の中で

本文の抜粋

Work on the project remained suspended because the budget was not approved.

⬇ 言い換え

正解となる選択肢

A lack of funding caused the -------.

ヒント
- (A) labor shortage
- (B) delay
- (C) flooding
- (D) malfunction

- □ **remain** 動 〜のままである
- □ **suspend** 動 〜を一時中断する
- □ **budget** 名 予算
- □ **approve** 動 〜を承認する
- □ **lack** 名 不足　□ **a lack of** 〜の不足
- □ **funding** 名 資金
- □ **cause** 動 〜を引き起こす

- □ (A) **labor shortage** 人材不足
- □ (B) **delay** 名 遅れ
- □ (C) **flooding** 名 洪水
- □ (D) **malfunction** 名 故障

Unit 1：TOEICあるある 10問　99

5 延期・中止・遅延 (B) delay

言い換えセンテンス5

Work on the project remained **suspended** because **the budget was not approved**.

→ **A lack of funding** caused the **delay**.

訳▶ そのプロジェクトの作業は予算が承認されないために中断されたままでした。
→ 資金不足が遅れを引き起こした。

1. 予算の承認が行われず、プロジェクトが**中断された (suspended)** ままだったとあるので、予算不足がプロジェクトの**遅延 (delay)** を引き起こしたとわかります。「延期・中止・遅延」を表す関連語の言い換えです。TOEICの世界では遅延などが頻繁に起こります。特に飛行機はよく遅れます。

2. また、the budget was not approved（予算が承認されなかった）が a lack of funding（資金不足）に言い換えられています。budget「予算」や funding「資金」など、「お金」を表す表現の言い換えも頻出です。

3. (A)は人材不足、(C)は洪水、(D)は故障、を表し、プロジェクトの遅延とは異なる問題を表します。

出るパラフレーズ「延期・中止・遅延」

- □ **postpone / put off / push back** 〜を延期する
- □ **cancel / call off** 〜を中止する
- □ **suspend** 〜を一時中断する □ **suspension** 一時中断
- □ **discontinue** 〜の製造を中止する
- □ **delay** 遅れ、〜を遅らせる □ **be late / be delayed** 遅れる

> suspendは「下に (sus) 吊るす (pend)」が語源です。ペンダント (pendant) のように吊るされて中断されている状況をイメージしましょう。

> delayは「〜を遅らせる」という意味の他動詞なので、受身形のbe delayedで「遅れる」となります。語法も注意です。
> *ex.* **The inclement weather delayed the flight.**
> → **The flight was delayed due to the inclement weather.**

100 第2部 言い換えトレーニング

6 Littlefield Festivalについて書かれた記事の中で

― 本文の抜粋 ―
During this event, road congestion may occur due to the high volume of visitors.

 言い換え

― 正解となる選択肢 ―
There could be ------- because of the Littlefield Festival.

ヒント
(A) new employment
(B) media exposure
(C) an increase in traffic
(D) discounted rates

- □ **during** 前 〜の間
- □ **congestion** 名 混雑
- □ **occur** 動 起こる、発生する 類 happen, arise
- □ **due to** 前 〜が原因で
- □ **volume** 名 数量
- □ **because of** 前 〜が原因で

- □ (A) **new employment** 新しい雇用
- □ (B) **media exposure** メディアへの露出
- □ (C) **an increase in traffic** 交通量の増加
- □ (D) **discounted rates** 割引

6 混雑 (C) an increase in traffic

↓ 言い換えセンテンス6

🔊 35

During this event, **road congestion** may occur **due to** the high volume of visitors.

➡ There could be an **increase in traffic because of** the Littlefield Festival.

訳 ▶ このイベントの開催中は、多数の来場者のため、道路の混雑が起こる可能性があります。
　　➡ Littlefield Festival が原因で交通量の増加が起こる可能性がある。

1. イベント時に**道路の混雑 (road congestion)** が起こるとあるので、イベントが **交通量の増加 (increase in traffic)** につながるとわかります。「道路の混雑」に関する関連語の言い換えです。

2. また、**due to (〜が原因で)** が **because of (〜が原因で)** にも言い換えられています。因果関係を表す同義語 (類義語) の言い換えです。「イベントがある (原因) ➡ 道路が混雑する (結果)」という因果関係をつかみましょう。

3. 他の選択肢はどれも文意に合いません。(A)は工場建設が雇用創出につながるという話、(B)はメディアに取り上げられることで世間の注目を集めるという話、(D)はセールの話でよく出てきます。

↑↓ 出るパラフレーズ「混雑」

🔊 36

- ☐ **be crowded [congested, packed, crammed] with** 〜で混雑している
- ☐ **be caught [stuck] in traffic** 交通渋滞に遭う
- ☐ **traffic jam / traffic [road] congestion** 交通渋滞
- ☐ **increase in traffic** 交通量の増加
- ☐ **heavy [busy] traffic** ひどい交通量
- ☐ **busy street [road]** 交通量の多い通り

😊 同義語問題で「heavy ⇨ busy」が問われたことがあります。

102　第2部 言い換えトレーニング

グループ | 1 / | 2 / | 3 / | 4 / | 5 /

7 Kyle さんが書いたメールで

本文の抜粋

I couldn't find the Insert Image icon on my computer.

⬇ 言い換え

正解となる選択肢

Ms. Kyle ------- a software function.

ヒント　　(A) had easy access to
　　　　　(B) had exclusive access to
　　　　　(C) had trouble accessing
　　　　　(D) had experience accessing

□ **icon** 名 アイコン
□ **access to** ～へのアクセス
□ **function** 名 機能

□ (A) ～に簡単にアクセスした
　　□ **have access to** ～にアクセスする
　　□ **easy** 形 簡単な
□ (B) ～に独占的にアクセスした
　　□ **exclusive** 形 独占的な
□ (C) ～にアクセスすることに苦労した
　　□ **have trouble doing** ～することに苦労する
　　□ **access** 動 ～にアクセスする
□ (D) ～にアクセスした経験があった
　　□ **have experience doing** ～した経験がある

Unit 1：TOEICあるある 10 問　　103

7 問題・懸念 (C) had trouble accessing

↓ 言い換えセンテンス7

🔊 37

I **couldn't find** the **Insert Image icon** on my computer.
→ Ms. Kyle **had trouble accessing** a **software function**.

訳 ▶ パソコン上の画像挿入アイコンを見つけることができませんでした。
　　→ Kyleさんはソフトウェア機能へのアクセスに苦労した。

1. アイコンを見つけることが**できなかった (couldn't)** とあるので、そのアクセスに**苦労した (had trouble)** ことが推測できます。「問題」を表す関連語の言い換えです。**問題・懸念を表す表現**はトラブルが多発する TOEIC ではよく正解の決め手になります。

2. また、**画像挿入アイコン (Insert Image icon)** が**ソフトウェア機能 (software function)** に、**見つける (find)** が**アクセスする (access)** に言い換えられています。それぞれ上位語と類義語の言い換えです。パソコン上のアイコン (ボタン) はソフトウェアの一機能と考えることができ、そのアイコンを見つけるということはその機能にアクセスすることだと解釈できます。

3. (A)は簡単にアクセスする、(B)は独占的にアクセスする、(D)はアクセスした経験がある、となり、アクセスできなかったという内容と矛盾します。

↑↓ 出るパラフレーズ「問題・懸念」

🔊 38

□ **have trouble [difficulty, a hard time] with** 〜に苦労する
□ **have trouble [difficulty, a hard time] (in) doing** 〜するのに苦労する
□ **find it difficult [hard] to do** 〜することを難しく感じる
□ **cannot** 〜できない　□ **but / however** しかし
□ **unfortunately / I'm afraid** 残念ながら　□ **too** 〜すぎる

👤 What is the man's <u>problem</u>? や What is the man <u>concerned</u> about? などの質問があれば、Unfortunately や I can't などの表現がヒントとしてよく登場します。

👤 trouble/difficultyはこの表現では不可算名詞なのでa/-sがつきません。また、with＋名詞やin＋doing (動名詞) の形が続くことも覚えておきましょう。このinはよく省略されます。

| グルぐる | 1 | / | 2 | / | 3 | / | 4 | / | 5 | / |

104　第2部　言い換えトレーニング

8 Central Stationery店の広告文の末尾にある但し書き

本文の抜粋

We honor our competitors' coupons.

⬇ 言い換え

正解となる選択肢

Central Stationery accepts ------- from other businesses.

ヒント   (A) deliveries
           (B) referrals
           (C) vouchers
           (D) returns

- □ **honor** 動 (小切手など) を受け入れる
- □ **competitor** 名 競合他社
- □ **coupon** 名 クーポン
- □ **stationery** 名 文房具
- □ **accept** 動 〜を受け入れる
- □ **business** 名 店

- □ (A) **delivery** 名 配達
- □ (B) **referral** 名 紹介 □派 **refer** 動 〜を紹介する
- □ (C) **voucher** 名 クーポン
- □ (D) **return** 名 返品

Unit 1：TOEICあるある10問   105

8 クーポン・商品券 / お店 (C) vouchers

⬇ 言い換えセンテンス8

🔊 39

We **honor** our **competitors' coupons**.

➡ Central Stationery **accepts vouchers** from **other businesses**.

訳 ▶ 私どもは競合他店のクーポン券を受け付けます。
➡ Central Stationery店は他の店のクーポン券を受け付ける。

1. **coupon**（クーポン）が **voucher**（クーポン）に言い換えられています。同義語（類義語）による言い換えです。

2. また、**honor**（[小切手など]を受け入れる）が **accept**（〜を受け入れる）に、**competitors**（競合他店）が **other businesses**（他の店）にも言い換えられています。これらも同義語（類義語）による言い換えです。なお、honorは多義語で「〜を称える（praise）、[契約などを]守る（fulfill）」などの意味もあります。

3. (A)は配達、(B)は紹介、(D)は返品で、どれもクーポンの言い換えになりません。

↑↓ 出るパラフレーズ「クーポン・商品券」

🔊 40

☐ **coupon / voucher / token**　クーポン
☐ **gift card / gift certificate**　ギフト券
☐ **store credit**　金券

😀 store creditは商品を返品した際にもらえるお店で使える金券のことです。

↑↓ 出るパラフレーズ「お店」

🔊 41

☐ **shop / store / business**　お店

😀 businessは「お店・会社」という意味でも使われます。この意味では可算名詞（冠詞のa、複数形の-sがつく）で使われます。

☐ **retailer / retail store**　小売店　☐ **wholesaler**　卸売業者
☐ **competitor / competition**　競合他店

| グル 回 | 1 / | 2 / | 3 / | 4 / | 5 / |

106　第2部　言い換えトレーニング

9 広告文に出てくる文

本文の抜粋

This is a special sale to commemorate our 25th year.

⬇ 言い換え

正解となる選択肢

The purpose of the sale is to celebrate -------.

ヒント
(A) an employee's promotion
(B) an anniversary
(C) a book's publication
(D) a grand opening

□ **special sale** 特別セール
□ **commemorate** 動 〜を祝う
□ **purpose** 名 目的
□ **celebrate** 動 〜を祝う

□ (A) **an employee's promotion** 社員の昇進
　　□ **celebrate an employee's promotion** 社員の昇進を祝う
□ (B) **an anniversary** 記念日
　　□ **celebrate an anniversary** 記念日を祝う
□ (C) **a book's publication** 本の出版
　　□ **celebrate a book's publication** 本の出版を祝う
□ (D) **a grand opening** グランドオープン
　　□ **celebrate a grand opening** グランドオープンを祝う

Unit 1 : TOEICあるある 10問　107

9 記念 (B) an anniversary

言い換えセンテンス9

(42)

This is a special sale to **commemorate** our **25th year**.

➡ The purpose of the sale is to **celebrate** an **anniversary**.

訳▶ 今回は私どもの25周年を記念した特別セールです。
➡ セールの目的は記念の年を祝うことである。

1. **25th year（25周年）**が**anniversary（記念日）**に言い換えられています。上位語による言い換えなので、25周年に限らず1周年でも10周年でも言い換えになります。「記念」のテーマはTOEICで頻出です。

2. また、**commemorate（〜を祝う）**が**celebrate（〜を祝う）**に言い換えられています。同義語（類義語）による言い換えです。

3. 他の選択肢はどれも会社の25周年記念とは関係がありませんが、お祝いの対象としてTOEICによく登場します。celebrateとセットでインプットしておきましょう。（詳しくは前ページの語注を参照）

出るパラフレーズ「記念」

(43)

☐ **celebrate / commemorate** （出来事）を祝う
☐ **congratulate** 人 **on** [**for**] 事 （人）を（事）で祝う
　ex. **celebrate** his promotion　彼の昇進を祝う
　ex. **congratulate** him on [for] his promotion　彼の昇進を祝う

これらの動詞は目的語が異なります。語法まで確認しておきましょう。

☐ **celebratory** 祝いの　☐ **celebration** 祝賀会
☐ **commemorative** 記念の　☐ **commemoration** 記念
☐ **congratulatory** 記念の　☐ **Congratulations!** おめでとう
☐ **observe** （祝祭日）を祝う
☐ **in observance** [**honor**] **of** （祝祭日）を祝って
☐ **mark** （記念日など）にあたる、を祝う
☐ **anniversary** 記念日　☐ **〜 th year** 〜周年
☐ **milestone** 画期的な出来事

108　第2部　言い換えトレーニング

| 1 / | 2 / | 3 / | 4 / | 5 / |

10 イベントの広告

本文の抜粋

Proceeds will go to a local charity.

⬇ 言い換え

正解となる選択肢

The purpose of the event is to ------- a local charity.

ヒント　(A) recruit volunteers for
　　　　(B) raise funds for
　　　　(C) proceed with
　　　　(D) offer fun activities for

□ **proceeds** 名 収益
□ **local** 形 地元の
□ **charity** 名 慈善団体

□ (A) ～のボランティアを採用する
　　□ **recruit** 動 ～を採用する
□ (B) ～のために資金集めをする
　　□ **raise** 動 (お金) を集める　□ **fund** 名 資金
□ (C) **proceed with** ～を進める
□ (D) ～に楽しい活動を提供する
　　□ **offer** 動 ～を提供する

Unit 1 : TOEICあるある 10問　109

⑩ 募金・慈善活動 / 寄付　(B) raise funds for

↓ 言い換えセンテンス10

◀44

Proceeds will go to a local charity.

➡ The purpose of the event is to **raise funds** for a local charity.

訳 ▶ 収益は地元の慈善団体に寄付される予定です。
　　➡ このイベントの目的は地元の慈善団体のために資金集めをすることである。

1. 収益 (proceeds) が地元の慈善団体に寄付されるという内容なので、イベントの目的は**資金集めをする (raise funds)** ことだとわかります。「資金集め」に関する関連語の言い換えです。TOEICではチャリティに関するテーマが頻出です。

2. proceeds「収益」はチャリティイベントなどの売上金を表す際に使われ、その収益が募金されるという流れが定番です。(C) proceed with「〜を進める (continue)」は単語ひっかけで、他にも proceed to「〜に進む (go to)」や proceedings「議事録 (minutes)」など紛らわしい表現があるので要注意の単語です。

3. (A)はボランティアの採用、(D)は楽しい活動の提供、がイベントの目的となり、資金集めのためのイベントという内容に合いません。

↑↓ 出るパラフレーズ「募金・慈善活動」

◀45

- □ **proceeds** 収益 □ **raise money [funds]** お金 [資金] を集める
- □ **fund-raiser / fund-raising event** 資金集めイベント
- □ **charity** 慈善 □ **charitable cause** 慈善活動 □ **philanthropy** 慈善活動

↑↓ 出るパラフレーズ「寄付」

◀46

- □ **donate / contribute / endow** 〜を寄付する
- □ **donation / contribution / endowment** 寄付、寄付金
- □ **make a donation [contribution]** 寄付をする
- □ **donor / contributor** 寄贈者
- □ **financial support** 財政的支援

110　第2部 言い換えトレーニング

グルグル 1 / 2 / 3 / 4 / 5 /

Unit 1：確認問題

(1)～(10)の言い換えとなる表現を①～⑩から選びなさい。各選択肢は一度しか使えません。なお、言い換えとなる表現には同義語だけでなく、上位語や関連語なども含みます。また、品詞が異なる場合もあります。

(1)	**malfunction**
(2)	**postpone**
(3)	**traffic jam**
(4)	**donation**
(5)	**shop**
(6)	**handle**
(7)	**voucher**
(8)	**observe**
(9)	**fund-raiser**
(10)	**solve**

① **congested**		② **contribution**	
③ **out of order**		④ **celebrate**	
⑤ **fix**		⑥ **delay**	
⑦ **retailer**		⑧ **attend to**	
⑨ **charity event**		⑩ **store credit**	

Unit 1：TOEICあるある 10問　111

解答

(1)	**malfunction** 故障する、故障	➡	③ **out of order** 故障している	
(2)	**postpone** 〜を延期する	➡	⑥ **delay** 〜を遅らせる	
(3)	**traffic jam** 交通渋滞	➡	① **congested** 混雑した	
(4)	**donation** 寄付、寄付金	➡	② **contribution** 寄付、寄付金	
(5)	**shop** 店	➡	⑦ **retailer** 小売店	
(6)	**handle** 〜に対処する	➡	⑧ **attend to** 〜に対処する	
(7)	**voucher** クーポン券	➡	⑩ **store credit** 金券	
(8)	**observe** （祝祭日）を祝う	➡	④ **celebrate** （出来事）を祝う	
(9)	**fund-raiser** 資金集めイベント	➡	⑨ **charity event** チャリティイベント	
(10)	**solve** （問題）を解決する	➡	⑤ **fix** （問題）を解決する	

TOEIC 最頻出テーマ 11問

TOEIC で特によく問われるテーマを11個まとめました。これらの問題を見たら、「また来たな」と思えるようにしていきましょう。

11 イベントの広告

本文の抜粋

Blackberry Farms Festival is an annual event where residents can enjoy local foods.

⬇ 言い換え

正解となる選択肢

Blackberry Farms Festival is an event that is held -------.

ヒント
- (A) indoors
- (B) every year
- (C) internationally
- (D) virtually

□ **annual** 形 年に1回の
□ **resident** 名 住民
□ **local** 形 地元の

□ (A) **indoors** 副 屋内で
　□ **be held indoors** 屋内で行われる
□ (B) **every year** 毎年
　□ **be held every year** 毎年行われる
□ (C) **internationally** 副 国際的に
　□ **be held internationally** 国際的に行われる
□ (D) **virtually** 副 オンライン上で
　□ **be held virtually** [**online**] オンライン上で行われる

Unit 2：TOEIC最頻出テーマ11問　　115

11 年に◯回 (B) every year

⬇ 言い換えセンテンス 11

🔊 47

Blackberry Farms Festival is an **annual** event where residents can enjoy local foods.

➡ Blackberry Farms Festival is an event that is held **every year**.

訳▶ Blackberry Farms Festival は、住民が地元の食べ物を楽しめる年に1回のイベントです。
➡ Blackberry Farms Festival は毎年開催されるイベントです。

1. **年に1回の (annual)** イベントが**毎年 (every year)** 開催されるイベントと表現されています。「年に1回」を表す関連語の言い換えです。

2. 「年に◯回」を表す語句の言い換えはTOEICで最頻出です。これらの語句を見たら解答に絡むかもと想定しながら本文や選択肢を読むようにしましょう。

3. (A)は屋内で、(C)は国際的に、(D)はオンライン上で、行われるとなり、「毎年行われる」という意味になりません。

↑↓ 出るパラフレーズ「年に◯回」

🔊 48

❶ 「年に 1 回」を表す語
   □ **annual / yearly** 年に 1 回の □ **annually / yearly** 年に 1 回
   □ **every year / each year** 毎年 □ **once a year** 年に 1 回

   👤 yearly は形容詞と副詞の両方で使えます。

❷ 「年に 2 回」を表す語
   □ **semi-annual** 年に 2 回の (半年に 1 回の)
   □ **biannual** 年に 2 回の
   □ **twice a year** 年に 2 回

❸ 「2 年に 1 回」を表す語
   □ **every other [second] year** 1 年おきに □ **every two years** 2 年ごとに

❹ その他
   □ **quarterly** 年に 4 回 (の) (3ヶ月に 1 回 (の)) □ **perennial** 多年生の

1	2	3	4	5
/	/	/	/	/

116　第2部　言い換えトレーニング

12 Webinarを案内する文書で

本文の抜粋

Topic for October: Social Media Marketing

 言い換え

正解となる選択肢

The webinar's topic -------.

ヒント
(A) is intended for food market business owners
(B) most likely changes every month
(C) attracted a lot of media attention
(D) was originally planned for September

- □ **webinar** 名 ウェブセミナー（web + seminarの合成語）
- □ **social media** ソーシャルメディア、SNS
- □ **marketing** 名 マーケティング

- □ (A) 食品市場のビジネスオーナー向けである
  - □ **be intended for** 〜向けである
  - □ **food market** 食品市場
  - □ **business owner** ビジネスオーナー
- □ (B) おそらく毎月変更される
  - □ **most likely** おそらく、〜の可能性がある
- □ (C) 多くのメディアの注目を集めた
  - □ **attract** 動 〜を引き付ける
  - □ **media attention** メディアの注目
- □ (D) 元々は9月に予定されていた
  - □ **originally** 副 元々は
  - □ **be planned for** 〜に予定されている

12 毎月・毎週・毎日　(B) most likely changes every month

言い換えセンテンス 12 ◀ 49

Topic for October: Social Media Marketing
→ The webinar's topic **most likely changes every month**.

訳▶ 10月のトピック：SNSでのマーケティング
→ このウェビナーのトピックはおそらく毎月変更される。

1. **10月のトピック（Topic for October）**と記載があるため、10月のトピック以外に11月や12月のトピックも別で存在することが推測でき、トピックが月ごとに変わる可能性があることがわかります。

2. 今回は推測が必要で比較的レベルの高い問題ですが、TOEICでは頻出の言い換えとなります。このような含みを持つ表現 (におわせ表現) に敏感になることがTOEICの解答力 (情報処理能力) を高める一つのコツとなります。

3. (A) は marketing と似た market、(C) は media、(D) は October の前月である September という単語が含まれていますが、どれも内容が一致しません。

出るパラフレーズ「毎月・毎週・毎日」 ◀ 50

□ **every month/week/day**　毎月／毎週／毎日
□ **each month/week/day**　毎月／毎週／毎日
□ **monthly/weekly/daily**　毎月 (の)／毎週 (の)／毎日 (の)

monthly/weekly/daily は「月刊誌／週刊誌 [新聞]／日刊新聞」という意味の名詞でも使われます。

□ **on a monthly/weekly/daily basis**　毎月／毎週／毎日

1つ前の問題の「毎年」を表す言い換え表現と共に覚えておきましょう。このように「毎年、毎月、毎週、毎日」などの〈時を表すキーワード〉がよく正解の決め手になります。

| 1 | / | 2 | / | 3 | / | 4 | / | 5 | / |

118　第2部　言い換えトレーニング

13 Blade 社の社内メールで（2文を参照）

本文の抜粋

① We will make some changes to the monthly managers' meeting at our head office. （中略）② Holding a teleconference will save you a trip to New York.

⬇ 言い換え

正解となる選択肢

Blade Company -------.

ヒント　(A) most likely holds an annual convention
　　　　(B) most likely offers discounts to customers
　　　　(C) is most likely under new management
　　　　(D) is most likely based in New York

□ **make changes**　変更を行う　□ **monthly**　形 毎月の
□ **managers' meetings**　部長会議　□ **head office**　本社
□ **teleconference**　名 テレビ会議　□ **save** ＋人＋**労力**　（人）の（労力）を節約する
□ **trip**　名 移動
□ (A) おそらく年次大会を開催している
　　□ **hold**　動 ～を開催する　□ **annual**　形 毎年の
　　□ **convention**　名 会議、大会　□ **annual convention**　年次大会
□ (B) おそらく割引を客に提供している
　　□ **discount**　名 割引
□ (C) おそらく新しい経営陣の管理下である
　　□ **under new management**　新しい経営陣の管理下である
□ (D) おそらくニューヨークを拠点にしている
　　□ **be based in**　～を拠点にしている

Unit 2：TOEIC最頻出テーマ 11問　119

13 本社 (D) is most likely based in New York

言い換えセンテンス13

① We will make some changes to the monthly managers' meeting at our **head office**. (中略) ② Holding a teleconference will save you a trip to **New York**.

➡ Blade Company **is** most likely **based in New York**.

訳 ▶ ①本社で開催される月例の部長会議にいくつか変更を加える予定です。(中略)
②テレビ会議を使用することで、ニューヨークへの移動が不要になります。
➡ Blade 社はおそらくニューヨークを拠点にしている。

1. 複数の情報を照らし合わせる問題(クロス問題)です。①で本社で行われる会議の変更点があると述べ、②でテレビ会議を使うと説明し、それによってニューヨークへの移動が不要になると述べています。つまり、**本社はニューヨーク**にあり、テレビ会議に変更することでニューヨークへの移動の手間が省けるという内容が読み取れます。「本社」に関する関連語である **head office (本社)** と **be based in (〜に拠点がある)** が言い換えられています。

2. 本社に関する表現は正解に絡むことが多く、今回のようにクロス問題で問われるパターンも多いです。確実に押さえましょう。

3. (A) は年次大会の開催、(C) は経営陣の変更のことで文意に合いません。(B)は save から連想される discount が使われていますが、この save は「(人) の (労力) を節約する」という意味です。

出るパラフレーズ「本社」

□ **headquarters / head office / main office / home office**　本社
□ **be headquartered in**　〜に本社を置く

👤 headquarter は動詞でも使えます。主に受動態で用いられます。

□ **be based in [out of]**　〜に拠点がある

👤 out of は〈〜から外へ〉サービスを展開しているというニュアンスです。例えば東京に本社がある場合、東京から周りの埼玉、神奈川、千葉などにもサービスを展開しているというイメージができます。

□ **Tokyo-based**　東京に拠点を置く　*ex.* **a Tokyo-based** company

👤 「地名 + -based」で形容詞の働きをします。

120　第2部　言い換えトレーニング

14 Johnson さんに対するメールで

本文の抜粋

As a valued customer, you have been chosen to receive a gift certificate.

⬇ 言い換え

正解となる選択肢

Mr. Johnson -------.

ヒント   (A) has a teaching certificate
         (B) has used the store services before
         (C) had a gift wrapped
         (D) chose to work for the store

□ **valued customer** 大切な顧客
□ **choose O to do** 〜するようにOを選ぶ
□ **gift certificate** ギフト券 類 gift card

□ (A) 教員免許を持っている
  □ **certificate** 名 証明書、免許状
□ (B) 以前お店のサービスを受けたことがある
□ (C) 贈り物をラッピングしてもらった
  □ **have O done** Oを〜してもらう
□ (D) そのお店で働くことを選んだ
  □ **choose to do** 〜することを選ぶ

Unit 2：TOEIC最頻出テーマ 11問   121

14 以前 / 得意客　(B) has used the store services before

言い換えセンテンス 14

◀ 53

As a valued customer, you have been chosen to receive a gift certificate.

➡ Mr. Johnson **has used the store services before**.

訳 ▶ 大切な顧客として、お客様はギフト券を受け取る人に選ばれました。
　➡ Johnson さんはかつてお店のサービスを利用したことがある。

1. **As a valued customer, you ~**（大切な顧客として、お客様は~）という表現から、Johnson さんはお店のサービスを**以前に利用したことがある（has used ... before）**とわかります。文の内容をまとめて要約する文単位の言い換えです。

2. 「以前にしたことがある」という内容を問う問題は TOEIC で頻出です。今回は As ~の部分から既存顧客、つまり以前にサービスを利用したことがあるという内容を掴む力が求められています。

3. (A) は certificate、(C) は gift、(D) は choose（過去形 chose、過去分詞 chosen）という単語が一致しているだけで、内容が一致していません。certificate は「証明書、免許状」と、gift certificate「ギフト券（gift card）」の 2 つの意味で覚えておきましょう。

出るパラフレーズ「以前」

◀ 54

□ **former / previous / prior**　以前の　□ **formerly / previously / before**　以前
□ **once**　かつて　□ **used to do**　以前は~していた（今はちがう）
□ **have p.p.**　過去に~したことがある

formerly（以前に）と formally（正式に）の見間違いに注意しましょう。それぞれの形容詞は、former（以前の）と formal（正式な）です。

出るパラフレーズ「得意客」

◀ 55

□ **regular [frequent, loyal] customer**　得意客
□ **valued customer**　大切な顧客　□ **repeat customer**　リピート客

これらの表現とは反対に、potential [prospective] customer は「潜在顧客」で、サービスをまだ利用したことがない（これから利用する可能性がある）ことを表します。

グルグル	1 /	2 /	3 /	4 /	5 /

15 イベント (Peterson Fair) の広告

--- 本文の抜粋 ---

Following the success of last year's inaugural event, the Peterson Fair is coming back to Weston Park.

↓ 言い換え

--- 正解となる選択肢 ---

The Peterson Fair is ------- event.

ヒント
(A) a seasonal
(B) the first
(C) a relatively new
(D) a stable

□ **following** 前 〜の後に 類 after
□ **success** 名 成功
□ **inaugural** 形 最初の

□ (A) **seasonal** 形 季節的な
　　□ a seasonal event　季節的なイベント
□ (B) **first** 形 最初の
　　□ the first event　最初のイベント
□ (C) **relatively** 副 比較的　□ **new** 形 新しい
　　□ a relatively new event　比較的新しいイベント
□ (D) **stable** 形 安定した
　　□ a stable event　安定したイベント

Unit 2：TOEIC最頻出テーマ 11問　123

15 最初の・新しい (C) a relatively new

↓ 言い換えセンテンス15

🔊 56

Following the success of last year's **inaugural** event, the Peterson Fair **is coming back** to Weston Park.

→ The Peterson Fair is a **relatively new** event.

訳 ▶ 昨年の第1回イベントの成功の後、Peterson フェアが Weston 公園に帰ってきます。
→ Peterson フェアは比較的新しいイベントである。

1. 昨年に**最初の (inaugural)** イベントを開催し、今年**戻ってくる (is coming back)** とあるので、Peterson フェアは2年目のイベントだとわかり、**比較的新しい (relatively new)** イベントと言い換えることができます。文の内容を要約してまとめる文単位の言い換えです。

2. このイベントは2年目の開催なので、(B)の最初のイベント (the first event) や新しいイベント (a new event) とは言えませんが、(C)の比較的新しいイベント (a relatively new event) であれば正しい言い換えとなります。relatively の有無によって大きく内容が異なるため、選択肢を吟味する際にこのような語を見落とさないように細心の注意が必要です。

3. (A)は季節的なイベント、(D)は安定したイベント、となり、このような情報は本文から読み取れません。

↑↓ 出るパラフレーズ「最初の・新しい」

🔊 57

- [ ] **first / initial / inaugural / original** 最初の
- [ ] **first / initially / originally** 最初に [は]
- [ ] **introductory** 入門の [ ] **new / brand-new** 新しい
- [ ] **start / begin / commence / launch / initiate / inaugurate** 〜を始める

👨 inaugural「最初の」は難単語ですが、TOEIC でもたまに出てきます。inaugural event「最初のイベント」や inaugural issue「創刊号」などのフレーズで覚えておきましょう。また、動詞は inaugurate「〜を始める」で、start / begin などの言い換えになることがあります。

👦 これらの表現とは反対に、renew「〜を更新する」とあれば、サービス利用が初めてでない（サービスを以前に利用したことがある）ことを表します。

124 第2部 言い換えトレーニング

グルグル 1 / 2 / 3 / 4 / 5 /

16 Zambrano さんが Raley Company について話しているトーク

本文の抜粋

Investors will line up for Raley Company stock.

⬇ 言い換え

正解となる選択肢

Ms. Zambrano suggests that the Raley Company is ------- to investors.

ヒント　(A) attractive
(B) limited
(C) eligible
(D) unpopular

□ **investor** 名 投資家　□ **line up for** ～を求めて列に並ぶ
□ **stock** 名 株
□ **suggest** 動 ～を示唆する

□ (A) **be attractive to** ～にとって魅力的である
　□ **be attractive to investors**
　　投資家にとって魅力的である
□ (B) **be limited to** ～に限定された
　□ **be limited to investors**
　　投資家に限定されている
□ (C) **be eligible for** [**to do**] ～を受ける [～する] 資格がある
　□ **be eligible for investment**
　　投資を受ける資格がある
□ (D) **be unpopular among** [**with**] ～の間で人気がない
　□ **be unpopular among** [**with**] **investors**
　　投資家の間で人気がない

Unit 2：TOEIC最頻出テーマ 11問　125

16 人気 (A) attractive

言い換えセンテンス 16

Investors will **line up** for Raley Company stock.
→ Ms. Zambrano suggests that the Raley Company is **attractive** to investors.

訳▶ 投資家たちはRaley Companyの株を求めて行列を作るだろう。
→ ZambranoさんはRaley Companyが投資家たちにとって魅力的だと示唆している。

1. 投資家がRaley Companyの株を求めて**行列を作る (line up)** とあるので、その会社の株は彼らにとって**魅力的 (attractive)** であることがわかります。行列ができるほど人気があるということですね。文の内容を要約してまとめる文単位の言い換えです。

2. 商品やサービスが「人気」であることを推測させる問題はTOEIC頻出です。今回の「行列ができる」だけでなく、「チケットがよく売れる」、「在庫が切れている」などの文面からも人気であることが推測できます。

3. 他の選択肢は「投資家に人気がある」という内容になりませんが、前置詞や名詞とのコロケーションで覚えたい重要表現です。

出るパラフレーズ「人気」

☐ **popular** 人気の ☐ **attractive / appealing** 魅力的な
☐ **sought(-)after** 引っ張りだこの

highly sought after「非常に人気がある」というコロケーションが問われたことがあります。

☐ **attract / appeal to / catch / draw** 〜を魅了する

appealは自動詞なので、前置詞toが必要です。

☐ **in demand** 需要がある
☐ **line up for** 〜を求めて列に並ぶ
☐ **sell quickly** すぐ売れる ☐ **sell out** 売り切れる
☐ **out of stock** 在庫切れの
☐ **back-ordered / on back order** 入荷待ちの

17 全社員向け内部メモ

本文の抜粋

Attendance at the training session is mandatory for everyone.

 言い換え

正解となる選択肢

All staff ------- attend the training session.

ヒント
(A) have the option to
(B) were unable to
(C) need to
(D) require approval to

- **attendance** 名 出席
- **training session** 研修会
- **mandatory** 形 必須の
- **attend** 動 〜に出席する

- (A) **have the option to do** 〜するかどうかを選べる
- (B) **be unable to do** 〜できない
- (C) **need to do** 〜する必要がある
- (D) **require approval to do** 〜するための承認が必要である

17 必須 / 任意 (C) need to

言い換えセンテンス17

(60)

Attendance at the training session is **mandatory** for everyone.

➡ All staff **need to** attend the training session.

訳 ▶ 研修会への出席が全員に義務付けられています。
　　➡ 全部署の社員がその研修会に出席する必要がある。

1. 出席が**必須である (mandatory)** という内容が、出席**する必要がある (need to)** と言い換えられています。「必須」を表す関連語の言い換えです。

2. 「必須」や「任意」を表す語句の言い換えはTOEICで頻出です。会議の出席や書類の提出に関して、それらが必須か任意かというポイントがよく問われます。

3. 他の選択肢は「出席が必須である」という内容になりません。(A) は出席が任意であることを表し、本文の内容と真逆になります。

出るパラフレーズ「必須」

(61)

□ **mandatory / compulsory / obligatory** 　必須の
□ **need to do / must do / be required to do** 　〜しなければならない
□ **necessary / essential / imperative** 　必要不可欠な　□ **a must** 　必須のもの

設問で What is X required to do? (Xは何をしなければなりませんか) とあれば、上記の「必須」を表す表現が本文にあり、正解の決め手になります。

「必要不可欠な」の形容詞は that 以下の動詞が (should) 原形 になります。

ex. **It is essential that he attend the meeting.**
　　　彼が会議に出席することは必要不可欠だ

出るパラフレーズ「任意」

(62)

□ **optional / voluntary** 　任意の　□ **preferred** 　望ましい、あれば尚可
□ **a plus** 　プラスになるもの

仕事の応募条件に関する英文で、required とあれば「必須」、preferred とあれば「あると望ましいが必須ではない」ということが読み取れます。

128　第2部　言い換えトレーニング

18 ホテル（Greenbridge Hotel）の広告の中で長所がアピールされている

本文の抜粋

Visit our convenient location in the heart of Garfield Heights, close to popular restaurants.

⬇ 言い換え

正解となる選択肢

The ------- to dining establishments is mentioned in relation to the Greenbridge Hotel.

ヒント
- (A) partnership
- (B) engagement
- (C) exposure
- (D) proximity

- □ **convenient** 形 便利な
- □ **location** 名 立地
- □ **in the heart of** ～の中心に　□ **close to** ～に近い
- □ **popular** 形 人気の
- □ **dining establishment** 食事施設　□ **mention** 動 ～に言及する
- □ **in relation to** ～に関して

- □ (A) **partnership** 名 パートナーシップ
  - □ **partnership with** ～とのパートナーシップ
- □ (B) **engagement** 名 従事、約束、婚約
  - □ **engagement in** ～への従事
  - □ **engagement to** ～との婚約
- □ (C) **exposure** 名 露出
  - □ **exposure to** ～への露出
- □ (D) **proximity** 名 近いこと
  - □ **proximity to** ～に近いこと

Unit 2：TOEIC最頻出テーマ 11問　　129

18 立地 / 食事施設　(D) proximity

言い換えセンテンス 18

Visit our convenient location in the heart of Garfield Heights, **close to** popular **restaurants**.

➡ The **proximity to dining establishments** is mentioned in relation to the Greenbridge Hotel.

訳▶ 人気のレストランに近いGarfield Heights中心部に位置する私たちの便利な立地に訪れてください。
　➡ 食事施設に近いことがGreenbridgeホテルについて述べられている。

1. **close to**（〜の近く）が **proximity to**（〜に近いこと）に言い換えられています。「建物の立地」を表す関連語の言い換えです。建物の立地に関するテーマはTOEIC頻出で、駅から近いことや公共交通機関を使ってアクセスしやすいなどの話が出たら、これらの言い換え表現が使われる可能性が高いです。proximity「近いこと」は難単語ですが、立地のテーマでは頻出です。
2. **restaurants**（レストラン）が **dining establishments**（食事施設）に言い換えられています。食事施設にはレストラン以外のもの（カフェ、バーなど）も含まれるので上位語の言い換えです。
3. 他の選択肢はどれも「食事施設に近いこと」を表しませんが、前置詞とのコロケーションを覚えておきたい重要表現です。

出るパラフレーズ「立地」

- □ **be conveniently located [situated]**　便利な場所にある
- □ **be easily accessible by train**　電車で簡単に行ける
- □ **have easy access to**　〜に簡単に行ける　□ **near / close to**　〜の近くに
- □ **next to / adjacent to**　〜の隣に、〜に隣接して
- □ **within walking distance of**　〜の徒歩圏内に
- □ **in the vicinity of**　〜の近くに　□ **proximity to**　〜に近いこと

出るパラフレーズ「食事施設」

- □ **restaurant**　レストラン　□ **café**　カフェ　□ **eatery**　飲食店、レストラン
- □ **dining establishment [facility]**　食事施設

　公開テストでa caféがa small restaurantに言い換えられたことがあります。

19 HealthiChoiz Foods 社をテーマにした記事で

―― 本文の抜粋 ――
HealthiChoiz Foods was acquired by Jameson Equity Ltd. last week.

 言い換え

―― 正解となる選択肢 ――
Jameson Equity Ltd. ------- another company.

ヒント
(A) recently funded
(B) recently merged
(C) was recently sold to
(D) recently bought

□ **acquire** 動 ～を買収する
□ **recently** 副 最近
□ (A) **fund** 動 ～に資金提供する
□ (B) **merge** 動 合併する
　□ **merge with** ～と合併する
□ (C) **sell** 動 ～を売却する
　□ **sell X to Y** XをYに売却する
□ (D) **buy** 動 ～を買収する

⓳ 買収・合併 (D) recently bought

⬇ 言い換えセンテンス 19

🔊 66

HealthiChoiz Foods **was acquired by** Jameson Equity Ltd. **last week**.

➡ Jameson Equity Ltd. **recently bought** another company.

訳 ▶ HealthiChoiz Foods 社は Jameson Equity 社に先週買収された。
➡ Jameson Equity 社は最近他の会社を買収した。

1. HealthiChoiz Foods 社 (H社) が Jameson Equity 社 (J社) に買収されたということは、逆にJ社がH社を買収したと言えます。「〜を買収する」を意味する同義語 (類義語) の **acquire** と **buy** が言い換えられています。企業の「買収・合併」に関するテーマは TOEIC で頻出です。

2. また、**last week (先週)** が **recently (最近)** に言い換えられています。「最近」には1ヶ月前、1日前なども含まれるため、より広い意味を持つ上位語への言い換えとなります。

3. (A)は資金提供をした、(B)は合併した、という意味で、買収したとは言えません。また、(B)の merge は自動詞なので、merged <u>with</u> another company とする必要があります。(C)はJ社が別の会社に売却された、つまりJ社が買収されたという意味になり、関係性が逆になってしまいます。買収する側とされる側を正しく理解することが重要です。

⬆⬇ 出るパラフレーズ「買収・合併」

🔊 67

☐ **acquire / purchase / buy**　〜を買収する
☐ **acquisition / purchase / buyout / takeover**　買収
☐ **merge with**　〜と合併する　☐ **merger**　合併
☐ **consolidate**　〜を統合する　☐ **consolidation**　統合
☐ **parent company**　親会社　☐ **subsidiary**　子会社

😀 merge は自動詞なので with が必要な点に要注意！

😎 M&A は mergers and acquisitions (合併と買収) の略です。

132　第2部　言い換えトレーニング

20 Davidson Farms社をテーマにした記事で

本文の抜粋

U.S. food giant Davidson Farms has released a statement announcing the establishment of a joint venture with Orchard Central.

 言い換え

正解となる選択肢

The purpose of the article is to report on -------.

ヒント
- (A) a major renovation
- (B) a business partnership
- (C) a product release
- (D) a startup entrepreneur

- □ **giant** 名 大企業   □ **release** 動 ～を発表する
- □ **statement** 名 声明
- □ **establishment** 名 設立
- □ **joint venture** 共同事業
- □ **report on** ～について報じる

- □ (A) **major renovation** 大規模な改装
  - □ **major** 形 大規模な   □ **renovation** 名 改装
- □ (B) **business partnership** 事業提携
  - □ **partnership** 名 提携
- □ (C) **product release** 製品の発売
  - □ **release** 名 発売
- □ (D) **startup entrepreneur** スタートアップの起業家
  - □ **entrepreneur** 起業家

20 提携　(B) a business partnership

↓ 言い換えセンテンス20

🔊68

U.S. food giant Davidson Farms has released a statement announcing the establishment of a **joint venture** with Orchard Central.

➡ The purpose of the article is to report on a **business partnership**.

訳 ▶ アメリカの食品大手Davidson Farms社が声明を出し、Orchard Central社との共同事業の設立を発表した。
➡ この記事の目的は業務提携について述べることである。

1. **joint venture**（共同事業）が **business partnership**（業務提携）に言い換えられています。「提携」に関する関連語の言い換えです。前の問題の「買収・合併」と同様に、「提携」に関するテーマはTOEICで頻出です。

2. jointは「共同の」という意味の形容詞です。副詞のjointly「共同で」も重要語です。動詞join「共にする」の派生語で、共同で行うことを表す際に用いられます。

3. (A)はgiantから連想されるmajor、(C)はrelease、(D)はventureから連想されるstartup、が使われた単語ひっかけで、どれも内容が一致しません。

↑↓ 出るパラフレーズ「提携」

🔊69

☐ **partner with** 〜と提携する　☐ **partnership** 提携
☐ **collaborate with/on** 〜と/に関して共同で働く　☐ **collaboration** 協力
☐ **affiliated** 提携関係にある　☐ **affiliation** 提携　☐ **affiliate** 系列会社
☐ **joint venture [project]** 共同事業
☐ **joint** 共同の　☐ **jointly** 共同で

👤 collaborateは自動詞なので前置詞が必要な点に注意！

134　第2部　言い換えトレーニング

1 / 　2 / 　3 / 　4 / 　5 /

21 Haines Hardware店の広告文

本文の抜粋

Present this ad at our main store and receive a discount.

⬇ 言い換え

正解となる選択肢

Haines Hardware most likely -------.

ヒント   (A) plans to close its store
                  (B) sells mainly to retailers
                  (C) has multiple locations
                  (D) wraps birthday presents

□ **present** 動 ～を提示する
□ **ad** 名 広告（advertisementの略語）
□ **main** 形 主な

□ (A) お店を閉める予定である
    □ **plan to do** ～する予定である
□ (B) 主に小売業者に対して販売している（＝卸売業をしている）
    □ **mainly** 副 主に
    □ **retailer** 名 小売業者
□ (C) 複数の店舗がある
    □ **multiple** 形 複数の   □ **location** 名 店舗
□ (D) 誕生日プレゼントを包装する
    □ **wrap** 動 ～を包装する

Unit 2：TOEIC最頻出テーマ 11問   135

21 複数　(C) has multiple locations

言い換えセンテンス21

Present this ad at our **main store** and receive a discount.
➡ Haines Hardware most likely has **multiple locations**.

訳▶ 私たちの本店でこの広告を提示し、割引を受け取ってください。
　➡ Haines Hardware店はおそらく複数の店舗がある。

1. **main store (本店)** という表現から、このお店には本店だけでなく**支店 (branch store)** も存在することが推測でき、**複数の店舗 (multiple locations)** があると結論付けることができます。main store というキーワードを中心に文の内容をまとめて要約する文単位の言い換えです。

2. 何かが「複数」あることを問う問題はTOEICでほぼ毎回出題されます。TOEIC最頻出のテーマと言っても過言ではありません。様々なパターンで問われることがあるため、次のページのコラムで応用力まで付けておきましょう！

3. (A)は閉店セールを連想したひっかけです。(B)は卸売業をしていることは本文から読み取れないため選べません。(D)はPresent「〜を提示する」とpresent「プレゼント」の単語ひっかけです。

出るパラフレーズ「複数」

- **many / a lot of** たくさんの　□ **multiple** 複数の
- **some / several** いくつかの
- **a number of** たくさんの、いくつかの

a number of は、the number of「〜の数」との区別に注意。

- **more than one** 2つ以上の

more than one は「1以上」ではないので注意。

- **various / different** 様々な

これらの表現 (more than one を除く) は複数名詞が続く語法も注意。
　ex. **several locations / a number of locations**

コラム：「複数」を表す様々なパターン

　ここでは番外編として「複数」を表す言い換えパターンを7個紹介します。前ページの問題で述べた通り、何かが「複数」あることを問う問題タイプはTOEIC最頻出と言えるほど本当によく出ます。ただし、様々なパターンで問われるため、応用力を付けることが重要です。これらのパターンを学ぶことを通して、言い換えを見抜くセンスも同時に身に付けていきましょう！

例1：branch（支店）➡ 本店と支店の複数店舗がある

Kyle's Fabrics社の社員（Nicholsonさん）について説明する文で

> Ms. Nicholson has been promoted to manager of Kyle's Fabrics **branch** location.
>
> ➡ Kyle's Fabrics most likely has **multiple** locations.

　訳▶Nicholsonさんは Kyle's Fabrics社の支店の店長に昇進しました。
　　➡ Kyle's Fabrics社にはおそらく複数の店舗がある。

❌ 支店（**branch**）とあることから、この店には本店と支店があり、少なくとも2つの店舗すなわち複数の店舗があることがわかります。先ほどの問題では「本店」がキーワードでしたが、今回はその「支店」バージョンです。

コラム　137

例2：ten (10) ➡ 2以上の数字

窓用の掃除スプレーの使い方を説明する文で

> For window frames, spray the solution and wait **ten minutes**.
> ➡ Users should wait **several minutes** before cleaning window frames.

訳 ▶ 窓枠には、溶液を吹き付けて10分間待ってください。
　　➡ 使用者は窓枠を掃除する前に、数分間待たなければならない。

✗ **ten minutes**（10分間）が **several minutes**（数分間）に言い換えられています。具体的な数字を使ったパターンです。TOEIC では several は5〜6とは限らず、それより少ない場合も多い場合もあるので注意が必要です。**several** は「複数の」という風にざっくりと捉えておくと良いでしょう。

例3：最上級 ➡ 3つ以上の中で一番

Kyle's Online Store のサービスを説明する文で

> We can expedite orders by shipping from **the** warehouse **nearest** to you.
> ➡ Kyle's Online Store can deliver items quickly because it has **multiple** warehouses.

訳 ▶ 当店はお客様のご住所に最も近い倉庫から発送することで商品を急送できます。
　　➡ Kyle's Online Store は複数の倉庫を持っているので商品を急送できる。

✗ お客様の住所に**一番近い**(**the nearest**) 倉庫とあるので、近くない倉庫の存在も推測でき、このお店には複数の倉庫があることがわかります。**最上級は3つ以上（＝複数）のものから一番を決める表現**です。

例4：stand out（目立つ）= 複数のものを比較して目立つ

Waterford さんがあるお店宛てに書いたメールで

> During my search online, your store **stood out**.
> ➡ Ms. Waterford compared **multiple** stores.

訳▶インターネットで調べたところ、あなたの店が浮かび上がりました。
　➡ Waterfordさんは複数の店を比較した。

❌ インターネットで調べたらあなたのお店が**浮かび上がってきた（stood out）**とあるので、複数の店を比較したことがわかります。stand out は「外に出て（out）立っている（stand）」という成り立ちで、**複数の中から一つだけ突出して目立っているイメージを表します**。形容詞の outstanding「素晴らしい、未払いの」も重要語です。

例5：among + 複数名詞 ➡ 複数のものからなる集合の中で

Crawford Couches 社のサービスについて説明する英文で

> Your account can be shared **among family members**.
> ➡ A Crawford Couches account can be accessed by **multiple** users.

訳▶あなたのアカウントは家族間で共有できます。
　➡ Crawford Couches社のアカウントは複数の利用者によってアクセス可能である。

❌ **家族間で（among family members）**共有できるとあることから、複数の利用者が使うことがわかります。なお、前置詞の among「～の間で」は〈among + 複数名詞/集合名詞〉の形で使い、Part 5, 6で語法が問われます。

コラム　139

例6：each（それぞれの）➡ 複数のものを一つ一つ

Crawford Couches 社の求人募集要項を説明する文書で

> Job duties include analizing data from **each** plant.
> ➡ Crawford Couches has **multiple** facilities.

訳▶ 勤務内容には各工場から送られてくるデータの精査が含まれます。
　　➡ Crawford Couches 社は複数の施設を持っている。

❌ **each**（それぞれの）というキーワードから複数だと判断できます。それぞれの工場のデータを調査するということは、複数ある工場のひとつひとつのデータを調査するということですね。**each**は〈each＋単数名詞〉という形で使うので見た目は単数ですが、内容的には複数だと読み取れることが重要です。

例7：international（国際的な）➡ 複数の国がある

Crawford Clothing 社について説明する文で

> It is **the biggest among** Crawford Clothing's **international** service **centers**.
> ➡ Crawford Clothing operates in **multiple** countries.

訳▶ それは Crawford Clothing 社の国外サービスセンターのうちで最も大規模なセンターです。
　　➡ Crawford Clothing 社は複数の国で事業を行っている。

❌ **international**（国際的な）というキーワードから、この会社は複数の国で事業を行っていることがわかります。**国内サービスであれば1つの国、国外サービスであれば複数の国で事業を行っていると言えます。**ちなみに、例3と例5で紹介した最上級（the biggest）と〈among＋複数名詞〉も使われており、サービスセンターが複数あることも読み取れます。

いかがでしょうか？　一筋縄ではいかない言い換えパターンがたくさんありましたね。このように「複数」というテーマ一つをとっても様々な言い換えが可能であり、パターンに慣れておかないと正解に気付けないことがよくあります。
　ここで挙げた7個の例は一部に過ぎず、他にもいろんな言い換えが可能です。ここではこれらの例を通して、**言い換えを見抜くためのセンスやコツ**を少しでも養ってもらえたらと思います。頭を柔らかくし、単語一致ではなく「内容一致」の観点で言い換えに気付けるようになることが重要です。引き続き、本書で言い換えトレーニングを積み上げていきましょう！

Unit 2：確認問題

(1)～(10)の言い換えとなる表現を①～⑩から選びなさい。各選択肢は一度しか使えません。なお、言い換えとなる表現には同義語だけでなく、上位語や関連語なども含みます。また、品詞が異なる場合もあります。

(1)	**conveniently located**
(2)	**semi-annual**
(3)	**headquartered**
(4)	**required**
(5)	**preferred**
(6)	**monthly**
(7)	**acquisition**
(8)	**formerly**
(9)	**multiple**
(10)	**inaugural**

① **purchase**　　② **every month**
③ **before**　　④ **twice a year**
⑤ **first**　　⑥ **easily accessible**
⑦ **more than one**　　⑧ **based**
⑨ **a must**　　⑩ **a plus**

Unit 2：TOEIC最頻出テーマ 11問　143

解答

(1)	**conveniently located** 便利な位置にある	➡	⑥ **easily accessible** 簡単にアクセスできる
(2)	**semi-annual** 年に2回の	➡	④ **twice a year** 年に2回
(3)	**headquartered** 本社がある	➡	⑧ **based** 拠点を置く
(4)	**required** 必須の	➡	⑨ **a must** 必須のもの
(5)	**preferred** 望ましい、あれば尚可	➡	⑩ **a plus** プラスになるもの
(6)	**monthly** 毎月の、毎月	➡	② **every month** 毎月
(7)	**acquisition** 買収	➡	① **purchase** 買収
(8)	**formerly** 以前	➡	③ **before** 以前
(9)	**multiple** 複数の	➡	⑦ **more than one** 2以上の
(10)	**inaugural** 最初の	➡	⑤ **first** 最初の

Unit 3

ビジネステーマ1
(採用・人事)
9問

TOEIC では
ビジネスシーンの英語が扱われます。
まずは特に頻出の
「採用・人事」に関するテーマを
攻略していきましょう。

22 The Lewis Training Center が公式サイトで自社の事業を説明している

本文の抜粋

You can send your résumé to us via our Web site for review.

⬇ 言い換え

正解となる選択肢

The Lewis Training Center can help individuals who are ------- a job through its Web site.

ヒント
- (A) posting
- (B) seeking
- (C) offering
- (D) outsourcing

- □ **résumé** 名 履歴書
- □ **via** 前 ～経由で
- □ **review** 名 検討
- □ **individual** 名 個人

- □ (A) **post** 動 ～を掲載する
  - □ **post a job** 仕事を掲載する
- □ (B) **seek** 動 ～を求める
  - □ **seek a job** 仕事を探す
- □ (C) **offer** 動 ～を提供する
  - □ **offer a job** 仕事を提供する
- □ (D) **outsource** 動 ～を外注する
  - □ **outsource a job** 仕事を外注する

Unit 3：ビジネステーマ 1（採用・人事）9問　147

22 採用の応募書類 (B) seeking

↓ 言い換えセンテンス22

🔊 79

You can send your **résumé** to us via our Web site for review.

➡ The Lewis Training Center can help individuals who are **seeking a job** through its Web site.

訳▶ウェブサイト経由で私たちに履歴書を送っていただければチェックいたします。
➡ The Lewis Training Center は自社のウェブサイトで職探しをしている人たちの手伝いをする予定だ。

1. ウェブサイト経由で送られた**履歴書 (résumé)** をチェックするとあるので、The Lewis Training Center は履歴書を準備する人、つまり求職者のお手伝いをすることがわかります。**seek a job** は「**仕事を探す**」という意味です。なお「求職者」のことを job seeker と言います。

2. résumé と seek a job はどちらも「採用」に関する関連語です。採用に関する話は TOEIC で頻出です。

3. (A)は仕事を掲載する、(C)は仕事を提供する、(D)は仕事を外注する、となり、どれも求職者ではなく企業が行う行為となります。

↑↓ 出るパラフレーズ「採用の応募書類」

🔊 80

☐ **résumé / CV** 履歴書　☐ **cover letter** 添え状
☐ **reference letter / letter of reference [recommendation]** 推薦状
☐ **list of references** 照会先一覧　☐ **portfolio** 作品集

👦 résumé に付いた点はフランス語のアクサン・テギュという記号です。resume (再開する) と区別しましょう。

👦 CV は curriculum vitae の略でイギリスで使われます。

👦 それぞれの書類の働きを理解しましょう。「添え状」は履歴書に添える手紙、「推薦状」は過去の勤務先の人が社員について紹介する手紙、「照会先一覧」は過去の勤務先の連絡先が書かれたリスト、「作品集」はデザイナーやプログラマーが過去に作った作品をまとめたものです。

148　第2部　言い換えトレーニング

| 1 / | 2 / | 3 / | 4 / | 5 / |

23 求人を行っている企業への手紙に

本文の抜粋

I am writing this letter as a reference for Jon Ramsey.

⬇ 言い換え

正解となる選択肢

The purpose of the letter is to -------.

ヒント
    (A) offer a job to Mr. Ramsey
    (B) express a positive opinion about an employee
    (C) request a customer referral
    (D) hire the company as a contractor

□ **reference** 名 推薦状

□ (A) Ramseyさんに仕事を提供する
    □ **offer a job** 仕事を提供する　□ 派 **job offer** 仕事の提供
□ (B) 社員について肯定的な意見を述べる
    □ **express** 動 (意見) を述べる　□ **positive** 形 肯定的な
    □ **opinion** 名 意見　□ **employee** 名 社員
□ (C) 顧客の紹介を求める
    □ **request** 動 ～を求める　□ **referral** 名 紹介
□ (D) その会社を請負業者として雇う
    □ **hire** 動 ～を雇う　□ **contractor** 名 請負業者、契約会社

Unit 3：ビジネステーマ 1 (採用・人事) 9問　149

23 紹介・推薦 (B) express a positive opinion about an employee

言い換えセンテンス23

I am writing this letter **as a reference for Jon Ramsey**.
→ The purpose of the letter is to **express a positive opinion about an employee**.

訳 ▶ 私はこの手紙をJon Ramseyさんのための推薦状として書いています。
→ この手紙の目的は社員について肯定的な意見を述べることである。

1. この手紙は**推薦状(reference)**として書かれているので、社員を推薦すること、つまり**社員に対して肯定的な意見を述べる**ことが目的だとわかります。文単位の言い換えです。推薦状は求人関連のテーマで頻出です。

2. 企業が人を採用する場合、その人の信頼性を判断するために過去の勤め先や学校に確認をします。その際に書いてもらうのが**推薦状**です。推薦状というキーワードから「企業・候補者・過去の勤め先」という3者の関係性を瞬時に判断できるようになりましょう。

3. (A)は候補者に仕事を提供する、(D)は請負業者を雇う、という内容なので文意に合いません。(C)はreferenceと似たreferralを使った単語ひっかけです。今回の目的は社員の紹介であり、顧客の紹介を求めることではありません。

出るパラフレーズ「紹介・推薦」

- □ **reference letter / letter of reference [recommendation]** 推薦状
- □ **list of references** 照会先一覧
- □ **recommend** 〜を推薦する □ **suggest** 〜を提案する
- □ **recommendation** 推薦 □ **suggestion** 提案
- □ **refer X to Y** XをYに紹介する □ **referral** 紹介

> TOEICでは社員の推薦だけでなく、顧客の紹介や商品・サービスのおすすめというテーマも頻出です。

> 「顧客を紹介する ⇒ 紹介特典の割引を受ける」という流れも定番です。referはrefer X to Y「XをYに紹介する」とrefer to「〜を参照する、〜に言及する(mention)」の2つの表現を覚えましょう。

24 企業の人事担当者が求人の応募者（Janssenさん）に面接について連絡している

本文の抜粋

Please select some designs from your portfolio and bring them with you.

⬇ 言い換え

正解となる選択肢

Ms. Janssen is asked to submit some work -------.

ヒント　　(A) experience
(B) spaces
(C) samples
(D) schedule

□ **select** 動 ～を選ぶ
□ **portfolio** 名 作品集
□ **bring** 動 ～を持ってくる
□ **submit** 動 ～を提出する

□ (A) **experience** 名 経験　□ **work experience** 職務経験
□ (B) **space** 名 場所　□ **work space** 仕事場
□ (C) **sample** 名 サンプル　□ **work sample** 作品見本
□ (D) **schedule** 名 予定 (表)　□ **work schedule** 仕事の予定 (表)

Unit 3：ビジネステーマ 1 (採用・人事) 9問　　151

24 作品集／提出　(C) samples

言い換えセンテンス 24
◀83

Please select some designs from your **portfolio** and **bring** them with you.
→ Ms. Janssen is asked to **submit** some **work samples**.

訳▶ あなたの作品集の中からデザインを選んで持ってきてください。
→ Janssen さんは作品見本を提出するように求められている。

1. **portfolio**（作品集）が **work sample**（作品見本）に言い換えられています。類義語の言い換えです。portfolio とは採用の応募書類の1つで、デザイナーやプログラマーが仕事に応募する際に、過去に作った作品を見本として見せることで実績やスキルをアピールすることができます。

2. また、**bring**（〜を持ってくる）が **submit**（〜を提出する）に言い換えられています。これも類義語の言い換えです。submit を始めとした「〜を提出する」という表現も、応募書類の提出などの場面で出てくる頻出表現です。

3. (A)は職務経験、(B)は仕事場、(D)は仕事の予定、となり、作品集とは関係がありません。

出るパラフレーズ「作品集」
◀84

☐ **portfolio**　作品集　　☐ **work sample**　作品見本　　☐ **example**　例

sample は example の ex- の音が消えた頭音消失によってできた単語です。

出るパラフレーズ「提出」
◀85

☐ **submit / hand in / turn in / send in / put in / file**　〜を提出する
☐ **e-mail**　〜をメールで送る　　☐ **mail**　〜を郵送する

file「〜を提出する」は、file an application「申込書を提出する」、file a complaint「苦情を申し立てる」、file a claim「請求手続きをする」などのフレーズで使われます。

25 全社員宛ての内部メモ（Patel さんは社員）

本文の抜粋

Please contact Human Resources for assistance.

⬇ 言い換え

正解となる選択肢

Ms. Patel should reach out to the ------- department.

ヒント
- (A) marketing
- (B) personnel
- (C) accounting
- (D) sales

- □ **contact** 動 ～に連絡する
- □ **human resources** 人事部
- □ **assistance** 名 援助
- □ **reach out to** ～に連絡する
- □ **department** 名 部署

- □ (A) **marketing** 名 マーケティング
  - □ **marketing department** マーケティング部
- □ (B) **personnel** 名 人事、職員
  - □ **personnel department** 人事部
- □ (C) **accounting** 名 会計
  - □ **accounting department** 会計部
- □ (D) **sales** 名 販売
  - □ **sales department** 販売部

Unit 3：ビジネステーマ 1（採用・人事）9問　153

㉕ 人事部 / 連絡 (B) personnel

↓ 言い換えセンテンス 25

🔊 86

Please **contact Human Resources** for assistance.

➡ Ms. Patel should **reach out to** the **personnel department**.

訳 ▶ 助けが必要であれば人事部に連絡してください。
➡ Patelさんは人事部に連絡する必要がある。

1. **Human Resources** (人事部) が **personnel department** (人事部) に言い換えられています。同義語 (類義語) の言い換えです。「人事部」は主にこの2通りの言い方で覚えておきましょう。

2. また、**contact** (〜に連絡する) が **reach out to** (〜に連絡する) に言い換えられています。どちらも「連絡する」という意味で、頻繁にパラフレーズされる同義語 (類義語) の言い換え表現です。

3. 不正解の選択肢はどれも「人事部」とは異なる部署です。

↑↓ 出るパラフレーズ「人事部」

🔊 87

☐ **human resources (department) / HR**　人事部
☐ **personnel (department)**　人事部

👤 personnelは「職員 (staff)」という意味でも出てきます。また、personal「個人的な」との見間違えに注意しましょう。

↑↓ 出るパラフレーズ「連絡」

🔊 88

☐ **contact / reach (out to)**　〜に連絡する
☐ **call / phone / make a phone call**　電話する
☐ **e-mail / send an e-mail**　メールする　☐ **give 〜 a ring / ring**　〜に電話する

👤 ringは電話が鳴る音 (リンリン) をイメージしましょう。give 〜 a ringは文脈によっては「〜に指輪を贈る」にもなりますが、TOEICでは「〜に電話する」が重要です。

👤 「電話する」や「メールする」などの具体的な行為が、「連絡する」というより広い意味の表現 (上位語) に言い換えられることがよくあります。

154　第2部　言い換えトレーニング

グルグル

| 1 | / | 2 | / | 3 | / | 4 | / | 5 | / |

26 求人に応募する人（Clydeさん）が前職での経験をアピールしている

本文の抜粋

I worked in arts administration for five years.

↓ 言い換え

正解となる選択肢

Ms. Clyde has experience in arts -------.

ヒント
(A) creation
(B) designation
(C) management
(D) sciences

- □ **administration** 名 管理・経営
- □ **have experience in** 〜での経験がある
    - □ **have experience (in) doing** 〜した経験がある

- □ (A) **creation** 名 創作
    - □ **arts creation** 芸術の創作
- □ (B) **designation** 名 指定
- □ (C) **management** 名 管理・経営
    - □ **arts management** 芸術経営
- □ (D) **science** 名 科学
    - □ **arts and sciences** 芸術と科学

Unit 3：ビジネステーマ1（採用・人事）9問　155

26 管理・監督 (C) management

⬇ 言い換えセンテンス 26

📻89

I **worked in** arts **administration** for five years.
➡ Ms. Clyde **has experience in** arts **management**.

訳 ▶ 私は芸術経営の分野で5年間働きました。
➡ Clydeさんは芸術経営の経験がある。

1. **administration（経営）**が **management（経営）**に言い換えられています。「経営」を意味する同義語（類義語）の言い換えです。前職での経験を語る際に「経営や管理職の経験がある」という話はよく出てきます。

2. **worked in（〜で働いた）**が **have experience in（〜での経験がある）**に言い換えられています。類義語の言い換えです。この表現は have experience (in) doing（〜した経験がある）という形でも使われ、前置詞 in とのコロケーションや動名詞（ing形）が続く語法が問われる重要表現です。

3. (A)と(D)は「芸術経営」とは異なるので不適切です。(B)は芸術から連想される design「デザイン」と似た単語の designation「指定」を使った単語ひっかけです。

⬆⬇ 出るパラフレーズ「管理・監督」

📻90

- □ **manage / supervise / oversee / direct** 〜を管理・監督する
- □ **administer** 〜を管理する、〜を実施する
- □ **manager** 管理者 □ **management** 管理、経営陣
- □ **supervisor / overseer** 監督者 □ **boss** 上司
- □ **supervision / oversight** 監督 □ **administration** 管理
- □ **managerial experience** 管理職の経験 □ **supervisory role** 管理職の任務
- □ **report to** 〜に直属する、〜の部下である

👤 oversight は「見落とし」という意味もあります。関連語は overlook「〜を見落とす、〜を見下ろす」です。

👤 report to は多義語です。「①〜に報告する、②〜に直属する、③〜に出向く」の3つを覚えておきましょう。

	1	2	3	4	5
グルグル	/	/	/	/	/

156 第2部 言い換えトレーニング

27 Partridge社が求人について全社員に知らせる社内文書 (memo)

本文の抜粋

Anyone interested in applying for this position is encouraged to contact me.

↓ 言い換え

正解となる選択肢

Partridge, Inc., plans to hire -------.

ヒント　　(A) locally
　　　　　(B) internationally
　　　　　(C) online
　　　　　(D) internally

□ **anyone (who is) interested**　興味がある人は誰でも
□ **apply for**　〜に応募する
□ **position**　名 職
□ **be encouraged to do**　〜することを勧められる
□ **contact**　動 〜に連絡する
□ **hire**　動 〜を雇う

□ (A) **locally**　副 地元で
□ (B) **internationally**　副 国際的に
□ (C) **online**　副 オンライン上で
□ (D) **internally**　副 内部で

Unit 3：ビジネステーマ1 (採用・人事) 9問　　157

27 社内・社外 (D) internally

↓ 言い換えセンテンス27

◀91

Anyone interested in applying for this position is encouraged to contact me.

➡ Partridge, Inc., plans to **hire internally**.

訳 ▶ この職に応募することに興味がある人は誰でも私に連絡してください。
➡ Partridge 社は社内採用を行う予定である。

1. 現職の職員に対して応募を呼びかけていることから、**社内採用を行う（hire internally）**ことがわかります。文単位の言い換えです。

2. この問題では社外からではなく、社内で募集をするという内容を掴むことがポイントです。文書タイプが社内文書（memo）であることもヒントになります。TOEICでは「社内 or 社外」を問う問題が出題されます。

3. (A) は地元採用、(B) は国内ではなく全世界での採用、(C) は対面ではなくオンライン上での採用、を表します。

↑↓ 出るパラフレーズ「社内・社外」

◀92

- □ **internal** 内部の □ **internally** 内部で
- □ **within the company** 会社の中で
- □ **from within** 内部から、内部で □ **from outside** 外部から
- □ **outsider** 外部の人 □ **in-house** 社内の、社内で
- □ **on-site** 現地での □ **off-site** 現場を離れて

in-house designer「社内のデザイナー」や in-house laboratory「社内の研究室」とあれば、デザインや研究を外部の組織に頼ることなく自社で行っていることが推測できます。

bake bread on-site「現地で（お店で）パンを焼く」とあれば、自社製造のパンを販売していることがわかります。

| 1 / | 2 / | 3 / | 4 / | 5 / |

158　第2部　言い換えトレーニング

28 会社の同僚どうしの会話

本文の抜粋

I've been trying to find someone to cover my shift.

 言い換え

正解となる選択肢

The speakers are mainly talking about finding a -------.

ヒント
(A) supervisor
(B) vendor
(C) substitute
(D) venue

- □ **cover one's shift** ～のシフトに代わりに入る
- □ (A) **supervisor** 名 上司
- □ (B) **vendor** 名 販売業者
- □ (C) **substitute** 名 代わりの人
- □ (D) **venue** 名 会場

28 代理・後任 (C) substitute

↓ 言い換えセンテンス28

（93）

I've been trying to find **someone to cover my shift**.

➡ The speakers are mainly talking about finding a **substitute**.

訳▶私のシフトに代わりに入ってくれる人を探しているところです。
　➡ 話者たちは主に代わりの人を見つけることについて話している。

1. シフトに代わりに入ってくれる人 (someone to cover my shift) が代わりの人 (substitute) に言い換えられています。「代理」に関する関連語の言い換えです。

2. cover は多義語で「〜を覆う、〜を含む (include)、〜を報道する (report on)、〜を補償する (protect)」などの意味があります。今回の「〜のシフトをカバーする (=代わりで入る)」という意味も重要です。

3. (A)は上司、(B)は販売業者、(D)は会場、を見つけるとなり、「シフトの代わりの人を見つける」という文脈には合いません。

↑↓ 出るパラフレーズ「代理・後任」

（94）

□ **cover one's shift**　〜のシフトに代わりに入る
□ **substitute / replacement**　代わりの人・もの

👤 substitute は名詞でも使われることに注意。

□ **substitute for / fill in for**　〜の代わりを務める
□ **substitute X for Y**　XをYの代わりに使う
□ **replace / take the place of / take one's place**　〜の後任となる
□ **replace X with Y**　XをYと交換する
□ **in place of / in one's place**　〜の代わりに
□ **on behalf of / on one's behalf**　〜に代わって、〜を代表して
□ **deputy**　代理人、代理の、副〜

👦 TOEIC では「シフト変更による代わりの人を探す話」や「辞任する社員の後任を探す話」などがよく出てきます。その際にこれらのフレーズがよく使われます。

160　第2部　言い換えトレーニング

| 1 | / | 2 | / | 3 | / | 4 | / | 5 | / |

29 退任する創業社長（Maruyamaさん）のスピーチ

本文の抜粋

Having founded the company thirty years ago, I was reluctant to hand it over to just anyone.

 言い換え

正解となる選択肢

Ms. Maruyama was most likely involved in selecting her ------.

ヒント
(A) successor
(B) caterer
(C) intern
(D) contractor

- □ **found** 動 ～を設立する
- □ **be reluctant to do** ～することに気が進まない
- □ **hand over X to Y** XをYに引き継ぐ
- □ **be involved in** ～に関わる
- □ **select** 動 ～を選ぶ

- □ (A) **successor** 名 後継者
- □ (B) **caterer** 名 ケータリング業者
- □ (C) **intern** 名 インターン生
- □ (D) **contractor** 名 請負業者

29 引き継ぎ (A) successor

言い換えセンテンス29

🔊95

Having **founded** the company thirty years ago, I was reluctant to **hand** it **over** to just anyone.

➡ Ms. Maruyama was most likely involved in selecting her **successor**.

訳▶30年前に私が設立した会社を単純に誰かに任せるのは気が進まなかったんです。
➡ Maruyamaさんはおそらく彼女の後継者の選定に関わった。

1. 私が**設立した (founded)** 会社とあるので、Maruyamaさんは会社の創業者 (founder) であることがわかります。その会社を他人に**引き継ぐ (hand over)** ことに気が進まなかったと述べているので、会社の**後継者 (successor)** の選定に関わり、自分の意見を述べていることがわかります。

2. 創業者 (founder) が自分の会社を他人に譲るという内容から、後継者 (successor) というキーワードを見抜くことがポイントです。「引き継ぎ」に関する関連語の言い換えです。

3. (B)はケータリング業者、(C)はインターン生、(D)は請負業者、の選定を表し、後継者の選定の内容には合いません。

出るパラフレーズ「引き継ぎ」

🔊96

□ **hand over** （相手に）〜を引き継ぐ □ **take over** （相手から）〜を引き継ぐ
□ **take on responsibility** [**duty**] 職務を引き受ける
□ **assume responsibility** [**duty**] 職務を引き受ける

👦 take on と assume の言い換えは頻出です。

□ **undertake** 〜を引き受ける
□ **succeed**＋人 （人）の後を継ぐ

👨 succeed <u>in</u>「〜に成功する」との区別に注意。

□ **successor** 後継者 □ **predecessor** 前任者
□ **founder** 創業者 □ **found / establish** 〜を設立する

👨 found「〜を設立する」は find「〜を見つける」の過去形 found との区別に注意。

162 第2部 言い換えトレーニング

30 求人に応募した人（Carver さん）に採用が決まったと知らせ、入社後の待遇について説明している

本文の抜粋

You will become eligible for a promotion in two years.

 言い換え

正解となる選択肢

Ms. Carver will be entitled to a career ------- in two years.

ヒント
(A) guidance
(B) break
(C) record
(D) advancement

- □ **become eligible for** 〜の資格がある
- □ **promotion** 名 昇進　□ 派 **promote** 動 〜を昇進させる
- □ **be entitled to** 〜の資格がある

- □ (A) **guidance** 名 指導
  - □ **career guidance** 就職ガイダンス
- □ (B) **break** 名 休憩
  - □ **career break** 休職
- □ (C) **record** 名 記録
  - □ **career record** 経歴
- □ (D) **advancement** 名 昇進
  - □ **career advancement** 昇進

30 昇進・昇給　(D) advancement

言い換えセンテンス30

You will **become eligible for** a **promotion** in two years.
→ Ms. Carver will **be entitled to** a **career advancement** in two years.

訳▶ あなたは2年後に昇進の資格を得ます。
　→ Carverさんは2年後に昇進の資格を得る。

1. **promotion**（昇進）が **career advancement**（昇進）に言い換えられています。「昇進」を意味する類義語への言い換えです。career advancement は「キャリアの前進」を表し、スキルアップや昇進・出世などを含むより広い意味を持ちます。上位語への言い換えと考えることもできます。

2. また、**become eligible for**（～の資格がある）が **be entitled to**（～の資格がある）に言い換えられています。類義語への言い換えです。

3. (A)は就職ガイダンス、(B)は休職、(C)は経歴、を表し、どれも「昇進が期待できる」という内容には合いません。

出るパラフレーズ「昇進・昇給」

- □ promotion / career advancement　昇進　□ rise　出世
- □ promote X to Y　XをYに昇進させる
- □ X is [get] promoted to Y　XはYに昇進する
- □ increase in salary / pay raise　昇給

promoteは語法に注意です。「～を昇進させる」という意味の他動詞なので、「昇進する」と言いたい場合は受動態（be promoted）にします。

　ex. I **promoted** him to manager.　私は彼を部長に昇進させた。
　ex. He was **promoted** to manager.　彼は部長に昇進した。

景気の良いTOEICの中の世界では、昇進や昇給に関する話がよく出ます。

Unit 3：確認問題

(1)～(10)の言い換えとなる表現を①～⑩から選びなさい。各選択肢は一度しか使えません。なお、言い換えとなる表現には同義語だけでなく、上位語や関連語なども含みます。また、品詞が異なる場合もあります。

(1) **résumé**

(2) **submit**

(3) **portfolio**

(4) **refer**

(5) **substitute**

(6) **personnel department**

(7) **internally**

(8) **supervise**

(9) **take on responsibility**

(10) **increase in salary**

---

① **turn in**　　　　② **replacement**

③ **oversee**　　　　④ **assume duty**

⑤ **HR**　　　　　　⑥ **CV**

⑦ **pay raise**　　　⑧ **recommend**

⑨ **from within**　　⑩ **work sample**

Unit 3：ビジネステーマ1（採用・人事）9問　　165

解答

(1)	**résumé** 履歴書 ➡	⑥	**CV** 履歴書
(2)	**submit** 〜を提出する ➡	①	**turn in** 〜を提出する
(3)	**portfolio** 作品集 ➡	⑩	**work sample** 作品見本
(4)	**refer** 〜を紹介する ➡	⑧	**recommend** 〜を推薦する
(5)	**substitute** 代わりの人 ➡	②	**replacement** 代わりの人
(6)	**personnel department** 人事部 ➡	⑤	**HR** 人事部 (human resources)
(7)	**internally** 内部で ➡	⑨	**from within** 内部から
(8)	**supervise** 〜を監督する ➡	③	**oversee** 〜を監督する
(9)	**take on responsibility** 責任を引き受ける ➡	④	**assume duty** 職務を引き受ける
(10)	**increase in salary** 昇給 ➡	⑦	**pay raise** 昇給

ビジネステーマ2
(その他)
8問

その他のビジネステーマも
見ていきましょう。
お金の表現や新しい働き方など、
ビジネスシーンの理解に欠かせない
言い換え表現を学んでいきます。

31 Kumamoto さんが同僚と会話している

本文の抜粋

Can you recommend a good real estate agent in town?

⬇ 言い換え

正解となる選択肢

Mr. Kumamoto is looking for -------.

ヒント
(A) a property
(B) a lost item
(C) directions
(D) an eatery

□ **recommend** 動 〜を推薦する
□ **real estate agent** 不動産業者

□ (A) **property** 名 物件
□ (B) **lost item** 失くしたもの
□ (C) **directions** 名 道順
□ (D) **eatery** 名 飲食店

Unit 4：ビジネステーマ 2（その他）8問　　169

31 不動産・物件 (A) a property

⬇ 言い換えセンテンス 31

Can you recommend a good **real estate agent** in town?
➡ Mr. Kumamoto is looking for a **property**.

訳 ▶ 町でいい不動産業者のおすすめはありますか？
　　➡ Kumamoto さんは物件を探している。

1. おすすめの**不動産業者**（real estate agent）を尋ねているので、Kumamoto さんは**物件**（property）を探していることがわかります。「不動産」に関する関連語の言い換えです。

2. 「お店と商品（サービス）」の言い換えと考えることもできます。不動産業者という「お店」とその「商品」である物件が言い換えになっていますね。他にも、美容室と散髪、ホテルと宿泊なども同じ種類の言い換えと考えることができます。

3. (B)は失くしたもの、(C)は道順、(D)は飲食店、を探すとなり、文意に合いません。(C)は ask for directions「道順を尋ねる」というフレーズでよく使われます。

↑↓ 出るパラフレーズ「不動産・物件」

□ **real estate / realty**　不動産
□ **real estate agent / realtor**　不動産業者
□ **property**　不動産、物件　□ **space**　土地、スペース
□ **place**　家　□ **unit**　（集合住宅の）1戸
□ **tenant**　居住者　□ **landlord**　家主
□ **owner / proprietor**　（土地・建物の）所有者
□ **building manager**　建物の管理人
□ **lease [rental] agreement**　賃貸借契約
□ **building tour / walk-through**　物件の見学・内見
□ **show 人 around 場所**　人に場所を案内する

tour は物件や工場の見学の意味でも使われます。

32 企業（Jameson Cartridges 社）が広告の中で自社の実績をアピールしている

本文の抜粋

We have been serving our local community for four generations.

↓ 言い換え

正解となる選択肢

Jameson Cartridges has been ------- for a long time.

ヒント   (A) renovated
         (B) in business
         (C) awaited
         (D) closed

□ **serve** 動 ～のニーズを満たす
□ **community** 名 地域社会
□ **generation** 名 世代

□ (A) **renovate** 動 ～を改装する
□ (B) **in business** 営業して
□ (C) **await** 動 ～を待ち望む
□ (D) **closed** 形 閉まった

Unit 4：ビジネステーマ 2（その他）8問   171

32 営業 (B) in business

↓ 言い換えセンテンス32

◀)101

We have been **serving our local community for four generations**.

➡ Jameson Cartridges has **been in business for a long time**.

訳 ▶ 私どもは4世代にわたって地元地域に尽くしてきました。
➡ Jameson Cartridges 社は長期間にわたって営業している。

1. **serve our local community**（地元地域のニーズを満たす）が **be in business**（営業している）に言い換えられています。企業が人々のニーズを満たしているということは、その間はサービスを提供している、つまり営業しているということです。「営業」に関する関連語の言い換えです。

2. **for four generations**（4世代にわたって）が **for a long time**（長い間）に言い換えられています。1世代＝約30年と考えると4世代は約120年になるので長い間と言えます。

3. (A)は改装期間が長いことを、(C)は待望されている期間が長いことを、(D)は閉業期間が長いことを表し、営業期間が長いことを表しません。

↑↓ 出るパラフレーズ「営業」

◀)102

□ **be open / be in business / be in operation**　営業している
□ **operate / run**　〜を運営［経営］する
□ **serve**　（地域など）のニーズを満たす
□ **business hours / office hours / operating hours / opening hours / hours of operation**　営業時間
□ **business days**　営業日

in business の反対は out of business「倒産して」です。go out of business「倒産する」（≒ go bankrupt）などのフレーズでも使います。in は〈状態〉を表し、out of はその状態の〈外〉にいることを表しています。

172　第2部　言い換えトレーニング

33 ビジネスパーソンを対象とした記事

本文の抜粋

If you are considering working from home, this article is a great place to start.

 言い換え

正解となる選択肢

The purpose of the article is to provide information about working -------.

ヒント
(A) diligently
(B) remotely
(C) collaboratively
(D) regularly

- □ **consider doing** ～することを考える
- □ **work from home** 在宅勤務をする
- □ **a great place to start** 始めるのに良い場所

- □ (A) **diligently** 副 勤勉に 類 hard
  - □ work diligently 勤勉に働く
- □ (B) **remotely** 副 遠隔で
  - □ work remotely リモートワークする
- □ (C) **collaboratively** 副 共同で
  - □ work collaboratively 共同で働く
- □ (D) **regularly** 副 定期的に
  - □ work regularly 定期的に働く

33 在宅勤務　(B) remotely

言い換えセンテンス 33

If you are considering **working from home**, this article is a great place to start.

→ The purpose of the article is to provide information about **working remotely**.

訳 ▶ もし在宅勤務することを考えているなら、この記事から始めるのがとてもよいです。
→ この記事の目的はリモートワークについての情報を提供することである。

1. **working from home**（在宅勤務をすること）が **working remotely**（リモートワークすること）に言い換えられています。「在宅勤務」に関する言い換えです。

2. work remotely は「会社から離れて仕事する」ことなので、自宅だけでなくカフェやコワーキングスペースで働くことも含むため、より広い意味である上位語の言い換えと言えます。

3. (A) は勤勉に働く、(C) は共同で働く、(D) は定期的に働く、となり、リモートワークとは関係がありません。

出るパラフレーズ「在宅勤務」

- **work from home / work remotely / telecommute**　在宅勤務する
- **remote work / telework / telecommuting**　在宅勤務
- **remote worker / teleworker / telecommuter**　在宅勤務者

🧑 TOEICの世界でも在宅勤務をする人が増えてきましたね。

🧑 tele- は「遠い」という意味です。teleconference「遠隔会議、テレビ電話 (video conference)」にも含まれています。

🧑 TOEIC SW テストでは「在宅勤務」に関する問題が頻出です。アウトプットの際にも言い換えができるようにしましょう。

34 男女 (Man と Woman) の会話で男性が女性に依頼している

本文の抜粋

M: I'll need the pamphlets this afternoon because I'll be attending a conference.
W: OK. I'll get them ready right away.

 言い換え

正解となる選択肢

The woman says she will ------- a service.

ヒント
(A) utilize
(B) maintain
(C) expedite
(D) advertise

- **pamphlet** 名 パンフレット　□ **conference** 名 会議
- **get ~ ready** ~を準備する
- **right away** すぐに

- (A) **utilize** 動 ~を利用する
  - **utilize a service** サービスを利用する
- (B) **maintain** 動 ~を維持する
  - **maintain a service** サービスを維持する
- (C) **expedite** 動 ~を急ぎで行う
  - **expedite a service** サービスを急ぐ
- (D) **advertise** 動 ~を宣伝する
  - **advertise a service** サービスを宣伝する

34 お急ぎサービス (C) expedite

↓ 言い換えセンテンス34

(105)

M: I'll need the pamphlets this afternoon because I'll be attending a conference.

W: OK. I'll **get them ready right away**.

➡ The woman says she will **expedite a service**.

訳 ▶ M：会議に出るので、午後にそのパンフレットが要るんです。
W：わかりました。すぐにそれらを仕上げます。
➡ 女性はサービスを急ぐと言っている。

1. **get them ready right away**（それらをすぐに仕上げる）が **expedite a service**（サービスを急ぐ）に言い換えられています。them は the pamphlets を指しています。「お急ぎサービス」に関する文単位の言い換えです。

2. expedite「～を急ぎで行う」は難単語ですが、お急ぎサービスを説明する際によく使われます。簡単に言うと speed up のことです。

3. (A)はサービスを利用する、(B)はサービスを維持する、(D)はサービスを宣伝する、となり、「サービスを急ぐ」となりません。

↑↓ 出るパラフレーズ「お急ぎサービス」

(106)

□ **expedite / speed up / make ~ faster** ～を速める
□ **hurry / rush** 急ぐ、急ぐこと □ **haste** 急ぐこと
□ **in a hurry / in a rush / in haste / hastily** 急いで
□ **express [expedited] service** 急ぎのサービス
□ **express delivery [shipping]** 速達
□ **express train [bus]** 急行列車［バス］

express は多義語で「～を表す、急ぎの、明白な」などの意味で使われます。語源は ex（外に）+ press（押す）という成り立ちなので、外に押し出すイメージで覚えましょう。

ビジネスではスピードが命なので、TOEIC でもこれらの表現がよく出てきます。

グル っ プ 1	/	2	/	3	/	4	/	5	/

176　第2部　言い換えトレーニング

35 業者から顧客 (Norbert さん) 宛てのメール

本文の抜粋

Visit our Web site to complete a questionnaire.

⬇ 言い換え

正解となる選択肢

Ms. Norbert is asked to access the Web site to -------.

ヒント　(A) see frequently asked questions
　　　　(B) take a survey
　　　　(C) fill out a grant application
　　　　(D) make an inquiry

□ **complete** 動 〜を記入する
□ **questionnaire** 名 アンケート
□ **access** 動 〜にアクセスする

□ (A) **see frequently asked questions** よくある質問 (FAQs) を見る
□ (B) **take a survey** アンケートに答える
□ (C) **fill out a grant application** 助成金申請を記入する
□ (D) **make an inquiry** 問い合わせを行う

Unit 4：ビジネステーマ 2（その他）8問　　177

35 アンケート (B) take a survey

言い換えセンテンス 35

Visit our Web site to **complete a questionnaire**.
➡ Ms. Norbert is asked to **access** the Web site to **take a survey**.

訳▶アンケートを記入するためには、ウェブサイトにアクセスしてください。
➡ Norbertさんはアンケートに答えるためにウェブサイトにアクセスすることを求められている。

1. **complete a questionnaire**（アンケートを記入する）が**take a survey**（アンケートに答える）に言い換えられています。類義語の言い換えです。surveyは「調査」という日本語で教わることが多いですが、TOEICでは「アンケート」のことだとイメージしておくと簡単です。

2. また、**visit**（～を訪れる）が**access**（～にアクセスする）に言い換えられています。類義語の言い換えです。

3. (A)はよくある質問を見る、(C)は助成金申請を記入する、(D)は問い合わせをする、となり、ウェブサイトを訪れる目的が異なります。(C)はcompleteとfill outが言い換えになるものの、その目的語がすり替わっているため内容が一致しません。

出るパラフレーズ「アンケート」

☐ **survey / questionnaire**　アンケート
☐ **fill in / fill out / complete**　～を記入する
☐ **feedback / input**　フィードバック・意見

「fill out ⇨ complete」の言い換えは第1部でも紹介しましたね。目的語とセットで「complete a survey ⇨ fill out a questionnaire」とフレーズで覚えておくと効果倍増です。

アンケート記入へのお礼として、Thank you for your feedback [input].（ご意見いただきありがとうございます）という文もよく出ます。

36 Alcott Industries社の全社員向けの内部メモ

本文の抜粋

As of December 1, to strengthen security, any information relating to customers will not be shared without approval from a manager.

⬇ 言い換え

正解となる選択肢

Alcott Industries has updated its ------- policy.

ヒント   (A) insurance
          (B) admission
          (C) confidentiality
          (D) management

□ **as of** 〜付けで、〜から   □ **strengthen** 動 〜を強化する
□ **relating [related] to** 〜に関する   □ **approval** 名 承認・許可
□ **update** 動 〜を更新する

□ (A) **insurance** 名 保険
    □ **insurance policy** 保険証券
□ (B) **admission** 名 入学
    □ **admission policy** 入学規定
□ (C) **confidentiality** 名 機密
    □ **confidentiality policy** 機密保持方針
□ (D) **management** 名 経営
    □ **management policy** 経営方針

Unit 4：ビジネステーマ2（その他）8問   179

36 機密情報 / 〜から始まる　(C) confidentiality

言い換えセンテンス36

As of December 1, to **strengthen security**, any **information relating to customers** will **not be shared without approval** from a manager.

→ Alcott Industries has **updated** its **confidentiality policy**.

訳 ▶ 12月1日付けで、安全性を強化するため、顧客関連のどのような情報も管理者の許可なしでは共有できなくなります。
→ Alcott Industries社は機密保持方針を更新した。

1. **安全性を強化する（strengthen security）、顧客関連の情報（information relating to customers）、許可なしでは共有されない（not be shared without approval）** などの表現から、顧客情報の**機密保持方針（confidentiality policy）** を更新することがわかります。文の内容を要約してまとめる文単位の言い換えです。

2. **As of（〜付けで、〜から）** という表現から方針が変更されることがわかり、それが **update（〜を更新する）** という表現で表されています。As ofはルールなどの変更日を表す重要表現です。

3. (A)は保険証券、(B)は入学規定、(D)は経営方針、となり、機密保持方針の内容に合いません。

出るパラフレーズ「機密情報」

□ **confidential [classified, secret, sensitive] information**　機密情報
□ **confidentiality agreement [policy]**　機密保持契約［方針］

出るパラフレーズ「(ルールなどが)〜から始まる」

□ **As of / Effective / Starting / Beginning**　〜付けで、〜から
　ex. **As of today**　今日から　*ex.* **Effective tomorrow**　明日から
□ **take effect / go [come] into effect**　実施される
□ **put [bring, carry]** 〜 **into effect**　〜を実施する

180　第2部　言い換えトレーニング

37 財団（Marry Waters Foundation）の広告

本文の抜粋

The Marry Waters Foundation offers grant opportunities to non-profit organizations and educational institutions.

⬇ 言い換え

正解となる選択肢

The Marry Waters Foundation provides ------- assistance.

ヒント
- (A) technical
- (B) financial
- (C) medical
- (D) legal

- □ **foundation** 名 財団 □ **grant** 名 助成金
- □ **opportunity** 名 機会 □ **non-profit** 形 非営利団体の
- □ **organization** 名 団体、組織 □ **educational** 形 教育的な
- □ **institution** 名 機関 □ **assistance** 名 支援

- □ (A) **technical** 形 技術的な
  - □ **technical assistance** 技術的支援
- □ (B) **financial** 形 財政的な
  - □ **financial assistance** 財政的支援
- □ (C) **medical** 形 医療の
  - □ **medical assistance** 医療支援
- □ (D) **legal** 形 法的な
  - □ **legal assistance** 法的支援

Unit 4：ビジネステーマ2（その他）8問

37 財政的支援　(B) financial

言い換えセンテンス 37

The Marry Waters Foundation **offers grant opportunities** to non-profit organizations and educational institutions.

→ The Marry Waters Foundation **provides financial assistance**.

訳▶ Marry Waters財団は非営利団体や教育機関に助成金の機会を提供しています。
→ Marry Waters財団は財政的支援を与えている。

1. **grant opportunities**（助成金の機会）が **financial assistance**（財政的支援）に言い換えられています。「財政的支援」には助成金以外にも奨学金、融資、投資、寄付なども含まれるので、より広い意味を持つ上位語の言い換えと言えます。
2. また、**offer**（〜を提供する）が **provide**（〜を与える）に言い換えられています。類義語による言い換えです。
3. (A)は技術的支援、(C)は医療支援、(D)は法的支援、となり、財政的支援の内容に合いません。

出るパラフレーズ「財政的支援」

- □ **financial support [assistance, aid]**　財政的支援
- □ **monetary support [assistance, aid]**　財政的支援
- □ **grant**　助成金、奨学金　□ **scholarship / fellowship**　奨学金
- □ **subsidy**　助成金　□ **subsidize**　〜に補助金を出す
- □ **stipend**　給付金

　stipendの発音は「スタイペンドゥ」。

- □ **sponsor**　〜のスポンサーになる、スポンサー
- □ **fund**　〜に資金を提供する、資金　□ **funding**　資金提供
- □ **donation / contribution**　寄付
- □ **donate / contribute**　〜を寄付する

　チャリティ（募金・寄付）に関する表現は110ページを参照。

38 Ulrichさんの請求書 (invoice) から3つの情報を抜粋

本文の抜粋

① Total: $148.99   ② Deposit: $49.00
③ Balance due: $99.99

⬇ 言い換え

正解となる選択肢

Mr. Ulrich -------.

ヒント　(A) purchased fitness equipment
　　　　(B) has overdue books
　　　　(C) made a partial payment
　　　　(D) put aside money at a bank

- □ **total**　名 合計金額
- □ **deposit**　名 頭金
- □ **balance due**　差引請求額

- □ (A) 健康器具を購入した
  - □ **purchase**　動 ～を購入する　□ **fitness equipment**　健康器具
- □ (B) 返却期限が過ぎた本を持っている
  - □ **overdue**　形 (支払い・返却の) 期限が過ぎた
- □ (C) 部分的な支払いをした
  - □ **make a payment**　支払いをする　□ **partial**　形 部分的な
- □ (D) 銀行にお金を貯めた
  - □ **put aside**　～を取っておく、～を蓄える

Unit 4：ビジネステーマ2 (その他) 8問　　183

38 支払い金額 (C) made a partial payment

↓ 言い換えセンテンス 38

◀114

① Total: $148.99　② **Deposit**: $49.00
③ **Balance due**: $99.99
➡ Mr. Ulrich made a **partial payment**.

訳▶ ①合計金額：148.99ドル　②頭金：49.00ドル　③差引請求額：99.99ドル
➡ Ulrich さんは代金の一部を支払った。

1. 合計金額 (Total) の中に、**頭金 (Deposit)** と**差引請求額 (Balance due)** とあるので、一括払いではなく、頭金として**部分的な支払い (partial payment)** を行ったことがわかります。「支払い金額」に関する関連語の言い換えです。

2. ビジネスシーンではこのようなお金に絡む表現もたくさん出てきます。苦手な方は以下の出るパラフレーズで整理しましょう。

3. (A)(B)(D) は本文から読み取れません。(B)(D) は単語ひっかけで、(B) は due の関連語の overdue、(D) は deposit を「(お金) を預金する」という意味で解釈した場合の関連語である put aside「(お金) を取っておく」が使われています。

↑↓ 出るパラフレーズ「支払い金額」

◀115

□ **deposit / down payment** 頭金　□ **balance due** 差引請求額
□ **outstanding [remaining] balance** 未払い金
□ **overdue** 未払いの　□ **owed** 支払い義務を負っている

😀 outstanding は「目立った、素晴らしい」だけでなく、「未払いの」という意味でも TOEIC では出ます。

□ **rest / remainder** 残り　□ **difference** 差

😀 これらの語が「差額」という意味で使われることがあります。

□ **full payment** 全額支払い　□ **partial payment** 部分支払い
□ **lump-sum payment** 一括払い
□ **payment in installments** 分割払い

| グ ル プ 1 | / | 2 | / | 3 | / | 4 | / | 5 | / |

184　第2部　言い換えトレーニング

Unit 4：確認問題

(1)〜(10)の言い換えとなる表現を①〜⑩から選びなさい。各選択肢は一度しか使えません。なお、言い換えとなる表現には同義語だけでなく、上位語や関連語なども含みます。また、品詞が異なる場合もあります。

(1)	**outstanding**
(2)	**grant**
(3)	**work from home**
(4)	**input**
(5)	**operate**
(6)	**realty**
(7)	**effective**
(8)	**confidential**
(9)	**expedite**
(10)	**remainder**

① **rest**　　　　② **express service**

③ **as of**　　　④ **property**

⑤ **classified**　⑥ **monetary support**

⑦ **feedback**　⑧ **telecommute**

⑨ **overdue**　　⑩ **run**

Unit 4：ビジネステーマ2（その他）8問　　185

解答

(1)	**outstanding** 未払いの	➡	⑨ **overdue** 未払いの
(2)	**grant** 助成金	➡	⑥ **monetary support** 金銭的支援
(3)	**work from home** 在宅勤務する	➡	⑧ **telecommute** 在宅勤務する
(4)	**input** 意見	➡	⑦ **feedback** フィードバック
(5)	**operate** 〜を運営する	➡	⑩ **run** 〜を運営する
(6)	**realty** 不動産	➡	④ **property** 不動産
(7)	**effective** 〜付けで、〜から	➡	③ **as of** 〜付けで、〜から
(8)	**confidential** 機密の	➡	⑤ **classified** 機密の
(9)	**expedite** 〜を速める	➡	② **express service** 急ぎのサービス
(10)	**remainder** 残り	➡	① **rest** 残り

森問題
9問

ここでは主に
「人物の職業・業界」を推測する
森問題を扱います。
森問題の正解の決め手になる
「関連語の言い換え」を見抜く力を
強化していきましょう。

※森問題の詳しい解説や設問リストは第1部 p.22を参照。

39 Broadbent 社から顧客宛てのメール

本文の抜粋

If you enter the wrong password three times, you will not be able to make any withdrawals for the rest of the day.

⬇ 言い換え

正解となる選択肢

Broadbent is most likely ------- institution.

ヒント
(A) a charitable
(B) a medical
(C) a financial
(D) an academic

□ **enter** 動 ～を入力する　□ **wrong** 形 間違った
□ **withdrawal** 名 (お金の) 引き出し
□ **rest** 名 残り　□ **institution** 名 機関

□ (A) **charitable** 形 慈善の
　□ **a charitable institution** 慈善団体
□ (B) **medical** 形 医療の
　□ **a medical institution** 医療機関
□ (C) **financial** 形 金融の
　□ **a financial institution** 金融機関
□ (D) **academic** 形 学術的な
　□ **an academic institution** 学術機関

Unit 5：森問題 9問　　189

39 銀行 (C) a financial

↓ 言い換えセンテンス 39

◀116

If you enter the wrong password three times, you will not be able to make any **withdrawals** for the rest of the day.

➡ Broadbent is most likely a **financial** **institution**.

訳 ▶ お客様が間違ったパスワードを3回入力した場合は、終日引き出しができません。
　　➡ Broadbent社はおそらく金融機関である。

1. **お金の引き出し（withdrawals）** に関して言及しているので、Broadbent社は銀行、つまり**金融機関（financial institution）**だと推測できます。「銀行」に関する関連語の言い換えです。

2. 銀行を金融機関と表現していますが、これは上位語への言い換えとなります。金融機関には銀行だけでなく、証券会社や消費者金融なども含まれます。

3. (A)は慈善団体、(B)は医療機関、(D)は学術機関となり、金融機関のことを表しません。

↑↓ 出るパラフレーズ「銀行」

◀117

☐ **bank** 銀行　☐ **financial institution** 金融機関
☐ **fund** 資金、〜に資金を提供する　☐ **loan** 融資、〜を貸す
☐ **invest** 〜を投資する　☐ **investment** 投資
☐ **deposit** 預金、〜を預金する　☐ **balance** 残高

deposit は「頭金」、balance は「差引請求額」の意味でも重要！(p.184参照)

☐ **withdraw** 〜を引き出す　☐ **withdrawal** お金の引き出し
☐ **remit / transfer** 〜を送金する　☐ **remittance / transfer** 送金
☐ **savings account** 普通預金口座　☐ **checking account** 当座預金口座
☐ **bank teller** 銀行受付員　☐ **automated teller machine** ATM

お金に関する話題が苦手な人は、これらの表現を意識的に覚えておきましょう。

190 第2部 言い換えトレーニング

40 Morganさんからのメール

本文の抜粋

Attached is your tailored itinerary, based on your requests.

⬇ 言い換え

正解となる選択肢

Ms. Morgan is most likely a -------.

ヒント　　(A) clothing designer
　　　　　(B) travel agent
　　　　　(C) data analyst
　　　　　(D) human resources representative

□ **Attached is X**　Xを添付しています（X is attachedの倒置形）
□ **tailored**　形（注文などに）合わせて作った　類 tailor-made
　　□ 派 **tailor X to [for] Y**　XをYに合わせて作る
　　□ 派 **tailor**　名 仕立て屋
□ **itinerary**　名 旅程表
□ **based on**　〜に基づいて
□ **request**　名 要求

□ (A) **clothing designer**　ファッションデザイナー
□ (B) **travel agent**　旅行代理業者
□ (C) **data analyst**　データ分析者
□ (D) **human resources representative**　人事担当者

Unit 5：森問題 9問　　191

40 旅行 (B) travel agent

↓ 言い換えセンテンス 40

🔊118

Attached is your tailored **itinerary**, based on your requests.

➡ Ms. Morgan is most likely a **travel agent**.

訳▶ お客様の要望を元にお客様専用として作成した旅程表を添付しています。
➡ Morganさんはおそらく旅行会社の社員である。

1. 顧客の要望に基づいて作成した**旅程表 (itinerary)** を添付したと述べていることから、Morganさんは**旅行代理業者 (travel agent)** だとわかります。「旅行」に関する関連語の言い換えです。

2. itinerary「旅程表」は旅行や出張の話でよく出てくるTOEICの重要語です。travel plan や schedule と言い換えることができます。

3. (A)はファッションデザイナー、(C)はデータ分析者、(D)は人事担当者のことで、旅程表を作成する仕事としては不適切です。(A)は tailor (仕立て屋) から連想される単語ひっかけで、今回の文では顧客向けに作った (tailored) 旅程表という意味で使われています。

⇅ 出るパラフレーズ「旅行」

🔊119

□ **travel / trip**　旅行、旅行する
□ **excursion**　小旅行　□ **outing**　お出かけ　□ **journey**　旅
□ **company retreat**　社員旅行

company retreat はチームビルディングなどの研修も兼ねた旅行のことです。

□ **itinerary**　旅程表
□ **travel agent**　旅行代理業者
□ **travel agency**　旅行代理店
□ **tourist**　観光客
□ **tourist attraction**　観光名所
□ **sightseeing**　観光

192　第2部　言い換えトレーニング

グル
グル
1 / 　2 / 　3 / 　4 / 　5 /

41 講演の題目で

本文の抜粋

The Future of Online Marketing by Cliff Wiseman, Professor at Stateridge University

---

 言い換え

正解となる選択肢

Mr. Wiseman belongs to ------- institution.

ヒント
(A) a financial
(B) an educational
(C) a charitable
(D) a healthcare

- **professor** 名 教授
- **belong to** 〜に所属する
- **institution** 名 機関

- (A) **financial** 形 金融の
  - **a financial institution** 金融機関
- (B) **educational** 形 教育の
  - **an educational institution** 教育機関
- (C) **charitable** 形 慈善の
  - **a charitable institution** 慈善団体
- (D) **healthcare** 名 医療
  - **a healthcare institution** 医療機関

41 教育　(B) an educational

言い換えセンテンス41

The Future of Online Marketing by Cliff Wiseman, **Professor** at Stateridge **University**

➡ Mr. Wiseman belongs to an **educational institution**.

訳▶『オンライン・マーケティングの未来』Cliff Wiseman（Stateridge大学教授）
　➡ Wisemanさんは教育機関に所属している。

1. Wisemanさんの説明に**大学 (university)** の**教授 (professor)** とあるので、**教育機関 (educational institution)** に所属していることがわかります。「教育」に関する関連語の言い換えです。

2. 教育機関には大学以外にも、中学・高校など様々なものが含まれるので、より広い意味を持つ上位語への言い換えとなります。

3. (A)は金融機関、(C)は慈善団体、(D)は医療機関となり、大学教授の所属先としては不適切です。なお、題目にオンライン・マーケティングとあるので、ビジネス学部などの教授であることも推測できます。

出るパラフレーズ「教育」

☐ **education**　教育　☐ **educational**　教育の
☐ **academic / scholarly**　学問の　☐ **academic background**　学歴

　educationalとacademicは言い換えになります。

　「職歴」はprofessional backgroundです。professionalには「職業上の」という意味があり、academicと対比になります。

☐ **scholar**　学者　☐ **professor**　教授　☐ **faculty**　教授（陣）、学部
☐ **scholarship / grant / fellowship**　奨学金　☐ **tuition**　授業料
☐ **degree**　学位　*ex.* **bachelor's/master's degree**　学士／修士号
☐ **diploma**　卒業証書　*ex.* **high school diploma**　高校の卒業証書
☐ **undergraduate**　学部学生　☐ **graduate**　卒業生、大学院生

　facultyは「教授（陣）」の意味が頻出で、teacherなどと言い換えになります。

42 イベントでのスピーチ

— 本文の抜粋 —

Having been recently elected mayor, I'm honored to have the opportunity to deliver a speech here today.

↓ 言い換え

— 正解となる選択肢 —

The speaker is most likely a -------.

ヒント
    (A) courier
    (B) researcher
    (C) politician
    (D) newscaster

□ **elect** 動 ～を選ぶ
□ **mayor** 名 市長
□ **be honored to do** ～できて光栄に思う
□ **opportunity** 名 機会
□ **deliver a speech** スピーチをする

□ (A) **courier** 名 宅配業者
□ (B) **researcher** 名 研究者
□ (C) **politician** 名 政治家
□ (D) **newscaster** 名 ニュースキャスター

Unit 5：森問題 9問　　195

42 政治 (C) politician

↓ 言い換えセンテンス 42

◀))122

Having been recently **elected mayor**, I'm honored to have the opportunity to deliver a speech here today.

➡ The speaker is most likely a **politician**.

訳 ▶ 先ごろ市長に選ばれた後、今日ここで話をする機会を与えられたことを光栄に思います。
　　➡ 話者はおそらく政治家である。

1. **市長 (mayor)** に選ばれたと述べているので、話者は**政治家 (politician)** であることがわかります。「政治」に関する言い換えです。政治家には市長以外にも、首相、国会議員、知事などが含まれるので、より広い意味を持つ上位語への言い換えとなります。

2. **elect「(選挙で)〜を選ぶ」** も政治に関する関連語です。TOEICはビジネスや日常に関する話が多いですが、記事問題などで政治絡みの話もたまに出てきます。

3. (B)は研究者、(D)はニュースキャスターで、市長の言い換えにはなりません。(A) courier「宅配業者」はdeliverを「〜を配達する」の意味で考えた際の単語ひっかけです。今回のdeliverは「(演説)を行う」という意味です。

↑↓ 出るパラフレーズ「政治」

◀))123

□ **politician** 政治家 □ **mayor** 市長 □ **governor** 知事
□ **city official** 市の役員 □ **civil servant** 公務員

mayorとcity officialの言い換えも頻出です。city officialは市政府で働く公務員全般を表し、市長以外も含むので上位語への言い換えとなります。

□ **politics** 政治 □ **government** 政府 □ **authority** 当局
□ **local government / local authority / municipality** 地方自治体
□ **city council** 市議会 □ **city [local] administration** 市政 [地方行政]
□ **(political) party** 政党

partyは多義語で「政党、一団 (group)、当事者」などの意味があります。

□ **election** 選挙 □ **elect** (選挙などで) 〜を選ぶ
□ **state-mandated** 州により義務付けられた

グルグル 1 / 2 / 3 / 4 / 5 /

196　第2部　言い換えトレーニング

43 同僚どうしの会話

本文の抜粋

We have sent the blueprint to the client.

⬇ 言い換え

正解となる選択肢

The speakers are most likely -------.

ヒント　　(A) fashion designers
　　　　　(B) architects
　　　　　(C) choreographers
　　　　　(D) curators

□ **blueprint** 名 青写真、設計図

□ (A) **fashion designer** ファッションデザイナー

□ (B) **architect** 名 建築家

□ (C) **choreographer** 名 振付師

□ (D) **curator** 名 学芸員

Unit 5：森問題 9問　197

43 建築・建設　(B) architects

言い換えセンテンス 43

We have sent the **blueprint** to the client.
→ The speakers are most likely **architects**.

訳 ▶ 顧客に青写真を送りました。
　　→ 話者たちはおそらく建築家である。

1. 顧客に**青写真（blueprint）**を送ったとあるので、話者たちは**建築家（architects）**だと判断できます。「建築」に関する関連語の言い換えです。
2. 青写真とは建物や機械の設計図のことです。青い紙に白い線で描かれていることから青写真と呼ばれます。スマホで画像検索するとイメージが湧きますよ。建築関連の重要語として覚えておきましょう。
3. (A)はファッションデザイナー、(C)は振付師、(D)は学芸員、で青写真を顧客に送る職業としては不適切です。

出るパラフレーズ「建築・建設」

- □ **architect**　建築家　　□ **architecture**　建築、建築物
- □ **construct**　〜を建設する　□ **construction**　建設、建設物
- □ **structure**　構造、構造物

　architecture, construction, structure は「建物」を表すこともあるので注意。

- □ **build**　〜を建設する　□ **building**　建物　□ **builder**　建設業者
- □ **develop**　（住宅地など）を開発する　□ **developer**　開発業者
- □ **design**　〜を設計する、設計　□ **designer**　設計者
- □ **blueprint**　青写真、設計図　□ **layout**　設計図
- □ **rendering**　（建物の）完成予想図

　rendering とはデータを処理して画像や映像を表示させることです。建築分野だけでなく、ゲーム制作や動画作成などの話でも出てくる表現です。

44 市役所の社員の手紙

本文の抜粋

We are requesting supplies of your stationery for our Broward City office.

 言い換え

正解となる選択肢

The letter is most likely intended for -------.

ヒント
(A) a construction company
(B) an office supply store
(C) a city office
(D) a transportation department

- □ **request** 動 〜を求める
- □ **supply** 名 供給
- □ **stationery** 名 文房具
- □ **be intended for** 〜向けである

- □ (A) **construction company** 建設会社
- □ (B) **office supply store** 事務用品店
- □ (C) **city office** 市役所
- □ (D) **transportation department** 交通局

44 ○○ supplies　(B) an office supply store

言い換えセンテンス44

We are requesting supplies of your **stationery** for our Broward City office.

➡ The letter is most likely intended for <u>an **office supply** store</u>.

訳 ▶ 私どものBroward市支店への文具供給を貴店に求めます。
　　➡ この手紙はおそらく事務用品店に宛てて書かれている。

1. 読み手に対して**文房具 (stationery)** の供給を求めると述べているので、この手紙は**事務用品 (office supplies)** を扱うお店に宛てて書かれたと推測できます。事務用品には文房具だけでなく、コピー用紙やファイル入れなども含まれるため、より広い意味を持つ上位語への言い換えとなります。

2. なお、今回は「市役所の職員」が「文房具店の担当者」に送った手紙で、事務用品の供給を求めていることから、市役所の職員は総務部 (general affairs department) や物品購入部 (purchasing department) の担当者だと推測できます。

3. (A) は建設会社、(C) は市役所、(D) は交通局で、文房具を扱う業種ではありません。<u>our Broward City office</u> とあるので、(C) は手紙をもらう側ではなく書いている側になります。代名詞を通して正しく関係性を掴むことが重要です。

出るパラフレーズ「○○ supplies」

☐ **office supplies**　事務用品　※**stationery**（文房具）など
☐ **medical supplies**　医療用品　※**bandage**（包帯）など
☐ **art supplies**　美術用品　※**paintbrush**（ペンキブラシ）など

👤 上位語と下位語を結び付けて覚えておきましょう。

👤 supplyは動詞の「〜を供給する」だけでなく、「備品」という意味の名詞でもよく使われます。suppliesという複数形で使われることが多く、surprise「〜を驚かせる」と発音が似ていることからリスニングでは単語ひっかけとして使われることもあります。

45 同僚どうしの会話

― 本文の抜粋 ―
Due to the shipping delay, the coffee makers for our sale haven't arrived yet.

 言い換え

― 正解となる選択肢 ―
The speakers most likely work at a -------.

ヒント
(A) trading company
(B) logistics company
(C) manufacturer
(D) kitchen appliance store

- □ **due to** 前 ～が原因で
- □ **shipping** 名 配送
- □ **delay** 名 遅れ
- □ **sale** 名 セール、販売

- □ (A) **trading company** 貿易会社
- □ (B) **logistics company** 運送会社
- □ (C) **manufacturer** 製造業者
- □ (D) **kitchen appliance store** 台所用家電店

45 電化製品・電子機器・台所用品　(D) kitchen appliance store

言い換えセンテンス 45

Due to the shipping delay, the **coffee makers for our sale** haven't arrived yet.
→ The speakers most likely work at a **kitchen appliance store**.

訳▶ 発送の遅れが原因で、私たちのセール用のコーヒーメーカーがまだ届いていません。
　→ 話者たちはおそらく台所用家電店で働いている。

1. 私たちのセール用の**コーヒーメーカー（coffee makers）**がまだ届いていないと話しているので、話者たちはコーヒーメーカーを売る**台所用家電店（kitchen appliance store）**で働いているとわかります。台所用家電店にはコーヒーメーカー以外にも、電子レンジや冷蔵庫など様々なものが売っているので、より広い意味を持つ上位語への言い換えとなります。

2. **for our sale**（私たちのセール用の）という表現も鍵になります。この表現から話者たちはコーヒーメーカーを販売する人だとわかります。ourという素朴な代名詞が重要な意味を持ちます。

3. (A)は貿易会社、(B)は運送会社、(C)は製造業者で、それぞれコーヒーメーカーを輸出入、配送、製造する会社を表します。配送に関しては本文で言及がありますが、話者たちはその配送を待つ台所用家電店の人なので立場が異なります。

出るパラフレーズ「電化製品・電子機器・台所用品」

□ **appliance** 電化製品
　※**refrigerator / fridge**（冷蔵庫）、**microwave oven**（電子レンジ）など
□ **electronic device** 電子機器　※**laptop**（ノートパソコン）、**tablet**（タブレット）など
□ **kitchen utensils** 台所用品、調理器具　※**ladle**（おたま）、**spatula**（フライ返し）など

上位語と下位語を結び付けて覚えておきましょう。

具体的な物とセットで瞬時にイメージできるようにしておきましょう。画像検索でイメージを確認することもおすすめです。

46 カンファレンスでの Nicholson さんの発言

本文の抜粋

As a member of the press, I'm honored to have the opportunity to interview you and cover this event.

⬇ 言い換え

正解となる選択肢

Ms. Nicholson is most likely -------.

ヒント
(A) a photographer
(B) a journalist
(C) a keynote speaker
(D) an event organizer

- □ **the press**　報道機関
- □ **be honored to do**　〜できて光栄である
- □ **opportunity**　名 機会
- □ **interview**　動 〜にインタビューする
- □ **cover**　動 〜を報道する

- □ (A) **photographer**　名 写真家、カメラマン
- □ (B) **journalist**　名 ジャーナリスト
- □ (C) **keynote speaker**　基調講演者
- □ (D) **event organizer**　イベント主催者

Unit 5：森問題 9問　203

46 報道 (B) a journalist

↓ 言い換えセンテンス 46

◀ 130

As a member of the press, I'm honored to have the opportunity to **interview you** and **cover this event**.

→ Ms. Nicholson is most likely a **journalist**.

訳▶ 報道関係者として、あなたにインタビューし、このイベントを取材する機会をいただき、大変光栄に思います。
→ Nicholson さんはおそらくジャーナリストである。

1. **As a member of the press**（報道関係者として）、**interview you**（あなたにインタビューする）、**cover this event**（このイベントを取材する）などの表現から、Nicholson さんは**ジャーナリスト（journalist）**であることがわかります。「報道」に関する関連語の言い換えです。

2. 森問題の解答を導く表現の一つに前置詞の **as**「〜として」があります。As 〜, SV... という形で登場することが多く、As 以下でその人の職業や役割が述べられます。

3. (A) はカメラマン、(C) は基調講演者、(D) はイベント主催者で、どれもカンファレンスに出席する職業ではあるものの、報道関係者としてインタビューや取材をする立場の人ではありません。

↑↓ 出るパラフレーズ「報道」

◀ 131

□ **press release** 報道発表 □ **press conference** 記者会見
□ **the press / media outlet** 報道機関 □ **article** 記事
□ **journalist** ジャーナリスト □ **writer** ライター
□ **interview** 〜にインタビューする、インタビュー
□ **interviewer** インタビューする人 □ **interviewee** インタビューされる人

-er は「〜する人」、-ee は「〜される人」を表します。

□ **cover / report on** 〜を報道する □ **coverage / report** 報道

同義語問題で cover = report on が問われることがあります。

□ **reporter** リポーター □ ○○ **Daily [Weekly]** ○○日刊 [週刊] 新聞

新聞の名前や新聞社の会社名もヒントになります。

204 第2部 言い換えトレーニング

47 Baxter さんに宛てにアプリを薦めるメール

┌─ **本文の抜粋** ─────────────────────────┐

As you travel around the world on business, one of your
customers may place an order.

└──┘

⬇ 言い換え

┌─ **正解となる選択肢** ─────────────────────┐

Ms. Baxter is most likely -------.

───

ヒント　　(A) a domestic flight attendant
　　　　　(B) a customer service representative
　　　　　(C) an international sales associate
　　　　　(D) an electronics store manager

└──┘

□ **on business**　出張で
□ **place an order**　注文する

□ (A) 国内線の客室乗務員
　　□ **domestic**　形 国内の
□ (B) カスタマーサービス担当者
　　□ **representative**　名 担当者
□ (C) 海外営業の販売員
　　□ **international sales**　海外営業
　　□ **sales associate**　販売員
□ (D) 家電量販店の店長
　　□ **electronics**　名 電子機器
　　□ **store manager**　店長

Unit 5：森問題 9問　　205

47 海外・国内 (C) an international sales associate

言い換えセンテンス 47

(132)

As **you travel around the world on business**, one of **your customers** may place an order.

➡ Ms. Baxter is most likely an **international sales associate**.

訳▶あなたが出張で世界中を旅している間に、あなたの顧客は注文を入れるかもしれません。
➡ Baxterさんはおそらく海外営業の販売員である。

1. **世界中を旅行する (you travel around the world)** の部分から国際的な仕事をしていることがわかります。また、**出張で (on business)** と**顧客 (your customer)** の部分から海外の顧客相手に仕事をする**海外営業 (international sales)** の仕事をしていることが推測できます。「海外」と「営業」に関する関連語の言い換えです。

2. 「国内 or 海外」というテーマはTOEICでは頻出です。様々な表現があるため、以下の出るパラフレーズで整理しましょう。

3. (A)(B)(D)はどれも本文から読み取れません。(A)は国内線 (domestic) の客室乗務員であり、世界中を仕事で旅行するという内容と矛盾します。

出るパラフレーズ「海外・国内」

(133)

- □ **globally / on a global scale**　世界規模で
- □ **worldwide**　世界中で (の)　□ **internationally**　国際的に
- □ **nationwide**　国内で (の)　□ **nationally / domestically**　国内で
- □ **around [across, throughout, all over] the world**　世界の至る所で
- □ **around [across, throughout, all over] the country**　国内の至る所で
- □ **abroad / overseas / in foreign countries**　海外で
- □ **in multiple [several] countries**　複数の国で

空港で「国際線」は International、「国内線」は Domestic と表記されています。

「〜の至る所で」という意味の across / throughout は Part 5, 6でよく問われます。

206　第2部　言い換えトレーニング

Unit 5：確認問題

　(1)～(10)の言い換えとなる表現を①～⑩から選びなさい。各選択肢は一度しか使えません。なお、言い換えとなる表現には同義語だけでなく、上位語や関連語なども含みます。また、品詞が異なる場合もあります。

(1)	**domestically**
(2)	**worldwide**
(3)	**mayor**
(4)	**laptop**
(5)	**structure**
(6)	**itinerary**
(7)	**fridge**
(8)	**faculty**
(9)	**remit**
(10)	**cover**

① **appliance**　　② **transfer**
③ **teacher**　　④ **travel plan**
⑤ **report on**　　⑥ **internationally**
⑦ **electronic device**　　⑧ **building**
⑨ **city official**　　⑩ **nationwide**

Unit 5：森問題 9問　　207

解答

(1)	**domestically** 国内で	➡	⑩	**nationwide** 国内で
(2)	**worldwide** 世界中で	➡	⑥	**internationally** 国際的に
(3)	**mayor** 市長	➡	⑨	**city official** 市の役員
(4)	**laptop** ノートパソコン	➡	⑦	**electronic device** 電子機器
(5)	**structure** 構造物	➡	⑧	**building** 建物
(6)	**itinerary** 旅程表	➡	④	**travel plan** 旅程表
(7)	**fridge** 冷蔵庫	➡	①	**appliance** 電化製品
(8)	**faculty** 教授陣	➡	③	**teacher** 先生
(9)	**remit** ～を送金する	➡	②	**transfer** ～を送金する
(10)	**cover** ～を報道する	➡	⑤	**report on** ～を報道する

Unit 6

重要動詞
10問

ここからは品詞別に
言い換え表現を学んでいきます。
中でも動詞の言い換えは
頻出のものばかりです。
後半戦も言い換えトレーニングを
頑張っていきましょう！

48 銀行（Rogers Bank）から顧客への手紙

本文の抜粋

Enclosed is a debit card that can be used at any
Rogers Bank ATM.

⬇ 言い換え

正解となる選択肢

The new bank card is ------- with the letter.

ヒント　　(A) indicated
　　　　　(B) included
　　　　　(C) associated
　　　　　(D) utilized

□ **Enclosed is X**　Xが同封されている
　（X is enclosed の倒置形）
□ **debit card**　デビットカード
□ **bank card**　キャッシュカード

□ (A) **indicate**　動 ～だと示す・知らせる
□ (B) **include**　動 ～を同封する
　　□ **include X with Y**　XをYに同封する
　　□ **X is included with Y**　XはYに同封されている
□ (C) **associate**　動 ～を関連付ける
　　□ **associate X with Y**　XをYと関連付ける
　　□ **X is associated with Y**　XはYと関連付けられている
□ (D) **utilize**　動 ～を利用する　類 use, exercise, exert, employ

Unit 6：重要動詞 10問　　211

48 同封・添付 (B) included

↓ 言い換えセンテンス48

📢134

Enclosed is a **debit card** that can be used at any Rogers Bank ATM.

➡ The new **bank card** is **included** with the letter.

訳 ▶ 同封されているのはデビットカードで、Rogers BankのATMならどこでも使用できます。
➡ 手紙には新しいキャッシュカードが同封されている。

1. **Enclosed**（同封されている）が **included**（同封されている）に言い換えられています。「同封」に関する類義語の言い換えです。

2. また、**debit card**（デビットカード）が **bank card**（キャッシュカード）に言い換えられています。デビットカードとは支払いと同時に代金が銀行口座から引き落とされるカードで、キャッシュカードの方が意味が広く上位語による言い換えとなります。

3. (A)は示された、(C)は関連付けられた、(D)は利用されたとなり、キャッシュカードが手紙に同封されたことを表しません。

↑↓ 出るパラフレーズ「同封・添付」

📢135

□ **enclose / include** ～を同封する　□ **enclosure** 同封物
□ **attach** ～を添付する　□ **attachment** 添付ファイル

👨 これらの動詞は前置詞とのコロケーションも重要です。それぞれ、enclose [include] X with [in] Y「XをYに同封する」、attach X to Y「XをYに添付する」の形で使います。

ex. **enclose [include] a card <u>with</u> a letter**　❌ with「～と一緒に」
ex. **enclose [include] a card <u>in</u> an envelope**　❌ in「～の中に」
ex. **attach a file <u>to</u> an e-mail**　❌ to「～に〈接触〉」

□ **Enclosed is X** Xが同封されています
□ **Please find attached X** Xが添付されています
□ **Attached please find X** Xが添付されています

👨 〈Enclosed is X〉は〈X is enclosed〉が変化した形です。同じく〈Please find X attached〉の変化形が〈Please find attached X〉や〈Attached please find X〉となります。これらは添付ファイルや同封物を伝えるメールや手紙の文面でよく出てきます。

212　第2部　言い換えトレーニング

49 担当チームのメンバー向け内部メモ

--- 本文の抜粋 ---

We will go over the timing of the workshops next week.

⬇ 言い換え

--- 正解となる選択肢 ---

A schedule will be ------- next week.

ヒント　　(A) overlooked
　　　　　(B) discussed
　　　　　(C) adhered to
　　　　　(D) busy

□ **go over** 〜を検討する
□ **timing** 名 時期
□ **workshop** 名 ワークショップ

□ (A) **overlook** 動 〜を見落とす
□ (B) **discuss** 動 〜を話し合う
□ (C) **adhere to** 〜を順守する
　　□ **adhere to a schedule** 日程を順守する
□ (D) **busy** 形 忙しい
　　□ **a busy schedule** 忙しいスケジュール

Unit 6：重要動詞 10問　　213

49 議論・検討 / over を含む熟語 (B) discussed

↓ 言い換えセンテンス 49

(136)

We will **go over** the **timing** of the workshops next week.
➡ A **schedule** will be **discussed** next week.

訳 ▶ 私どもは来週、研修の時期について検討する予定です。
➡ 日程が来週話し合われる予定である。

1. **go over** (〜を検討する) が **discuss** (〜を話し合う) に言い換えられています。類義語による言い換えです。

2. また、**timing** (時期) が **schedule** (日程) に言い換えられています。これも類義語による言い換えです。

3. (A) は日程を見落とす、(C) は日程を順守する、(D) は日程は忙しい、となり、日程を話し合うという内容になりません。(A) は overlook と go over の単語ひっかけです。

↑↓ 出るパラフレーズ「議論・検討」

(137)

□ **talk about / discuss**　〜について議論する

talk は自動詞なので前置詞 (about) が必要、discuss は他動詞なので前置詞が不要、という語法も注意しましょう。

□ **go over**　〜を検討する、〜を詳しく調べる　□ **review**　〜を検討する、〜を見直す

go over と review の言い換えは TOEIC で頻出です。

【番外編】overを含む熟語

over は「〜を覆って、〜の上に、〜を越えて」などのイメージを持つ単語です。TOEIC に出る紛らわしい表現を整理します。

□ **go over**　〜を詳しく調べる　❌ 全体を覆うように詳しく見る。

□ **look over**　〜にざっと目を通す　❌ 表面上をざっと見る。

□ **overlook**　①〜を見落とす　❌①重要な部分を通り越して見落とす。 類 miss
　　　　　　　②〜を見下ろす　　②上から下を見下ろす。

□ **oversee**　〜を監督する　❌ 上から下を見渡して監督する。 類 supervise

類義語の supervise も super (上) + vise (見る cf. vision) で同じ成り立ち。

□ **get over / overcome**　〜を克服する　❌ 困難を乗り越える。

214　第2部　言い換えトレーニング

50 編集者からライター（Samuelsさん）への連絡

本文の抜粋

Please make the text shorter.

⬇ 言い換え

正解となる選択肢

Ms. Samuels is asked to make -------.

ヒント　　(A) an offer
　　　　　(B) a suggestion
　　　　　(C) an apology
　　　　　(D) a revision

□ **make O C**　OをCにする
□ **text** 名 文章
□ **short** 形 短い
□ **be asked to do** 〜することを求められている

□ (A) **offer** 名 申し出
　□ **make an offer** 申し出をする
□ (B) **suggestion** 名 提案
　□ **make a suggestion** 提案する
□ (C) **apology** 名 謝罪
　□ **make an apology** 謝罪する
□ (D) **revision** 名 修正
　□ **make a revision** 修正する

Unit 6：重要動詞 10問　　215

50 変更・修正 (D) a revision

言い換えセンテンス50

🔊138

Please make the text **shorter**.

➡ Ms. Samuels **is asked to make a revision**.

訳▶ 文章を今より短くしてください。
➡ Samuelsさんは修正するように求められている。

1. **make 〜 shorter**（〜をより短くする）が **make a revision**（修正する）に言い換えられています。「変更・修正」に関する言い換えです。修正には文章を短くする以外にも、文章を長くすること、表現をより洗練させることなども含まれるため、より広い意味を持つ上位語への言い換えと言えます。

2. また、**Please**（〜してください）が **be asked to do**（〜することを求められている）に言い換えられています。「依頼」を表す関連語の言い換えです。

3. (A)は申し出をする、(B)は提案をする、となり、ライターが自ら「修正しましょうか」という申し出、「修正すべきだと思います」という提案をすることになってしまいます。今回は編集者から「修正してください」という依頼を受けているので合いません。(C)は謝罪をする、となり、修正を求められているだけなので文意に合いません。

出るパラフレーズ「変更・修正」

🔊139

☐ **change** 〜を変更する、変更
☐ **revise / modify / alter / adjust / adapt / amend** 〜を変更・修正する
☐ **revision / modification / alteration / adjustment / adaptation / amendment**
変更・修正

😊 alterationは「（服の）寸法直し」、adaptationは「（本などの）改作」の意味も知っておこう。

😐 これらの名詞はmakeとのコロケーションも良いです。
ex. **make a change [revision, modification]** 変更・修正する
ex. **make an alteration [adjustment, adaptation, amendment]** 変更・修正する

😊 TOEICでは契約や規則の変更に関する話などもよく出てきます。その時にこれらの表現がよく言い換えになります。

216 第2部 言い換えトレーニング

| 1 | / | 2 | / | 3 | / | 4 | / | 5 | / |

51 クリーニング店 (Mag Cleaning) の広告

本文の抜粋

At Mag Cleaning, we hem pants as well as jackets.

⬇ 言い換え

正解となる選択肢

Mag Cleaning hires people who can ------- clothes.

ヒント   (A) export
         (B) alter
         (C) discard
         (D) deliver

- □ **hem** 　動　〜の裾直しをする
- □ **X as well as Y** 　Yだけでなく X も
- □ **hire** 　動　〜を雇う

- □ (A) **export** 　動　〜を輸出する
  - □ **export clothes** 　服を輸出する
- □ (B) **alter** 　動　〜を仕立て直す
  - □ **alter clothes** 　服を仕立て直す
- □ (C) **discard** 　動　〜を捨てる
  - □ **discard clothes** 　服を捨てる
- □ (D) **deliver** 　動　〜を配達する
  - □ **deliver clothes** 　服を配達する

51 服のお直し (B) alter

↓ 言い換えセンテンス51

◁))140

At Mag Cleaning, we **hem pants** as well as **jackets**.

➡ Mag Cleaning hires people who can **alter clothes**.

訳 ▶ 私ども Mag Cleaning 店は上着だけでなくズボンの裾直しをします。
➡ Mag Cleaning は服を仕立て直すことができる人を雇っている。

1. **hem**（～の裾直しをする）が **alter**（～を仕立て直す）に言い換えられています。「服の お直し」に関する言い換えです。仕立て直しには裾直しだけでなく、袖丈を調 整する、ウエストを広げる、など様々あるので、より広い意味を持つ上位語へ の言い換えになります。

2. また、**pants**（ズボン）と **jackets**（上着）が **clothes**（服）に言い換えられています。 これらも上位語への言い換えになります。

3. (A) は服を輸出する、(C) は服を捨てる、(D) は服を配達する、となり、服を直 すという意味になりません。

↑↓ 出るパラフレーズ「服のお直し」

◁))141

□ **alter** ～を仕立て直す □ **alteration** 服の寸法直し
□ **tailor** ～を仕立てる、仕立て屋 □ **tailor-made** オーダーメイドの

👤 tailorは「（ニーズなど）に合わせる」という意味でも使います。be tailored to your needs 「ニーズに合わせる」というフレーズでよく出てきます。

□ **hem** ～の裾直しをする、裾 □ **repair [fix] the hems** 裾直しをする
□ **shorten [lengthen] the hems** 裾を短く［長く］する
□ **adjust the sleeves** 袖丈を調整する
□ **take in [let out] the waist** ウエストを詰める［広げる］
□ **stitch up [mend] a seam** ほころびを縫う
□ **patch a hole [tear]** 穴［裂け目］を修繕する
□ **replace a zipper** ジッパーを交換する

👤 TOEIC難化の原因の一つに、日常語の増加があります。従来の単語帳に載っていないよ うな英語表現も瞬時にイメージできるようにしてインプットしておきましょう。

218 第2部 言い換えトレーニング

| 1 / | 2 / | 3 / | 4 / | 5 / |

52 財団からWiedersさんへの手紙

本文の抜粋

The newsletter will feature a short article acknowledging your contributions to the local community

---

⬇ 言い換え

正解となる選択肢

------- to Ms. Wieders will be expressed in a publication.

ヒント　　(A) Gratitude
　　　　　(B) Contribution
　　　　　(C) Promotion
　　　　　(D) Proposal

□ **newsletter** 名 ニュースレター、会報　□ **feature** 動 ～を特集する
□ **article** 名 記事　□ **acknowledge** 動 ～に感謝の念を示す
□ **contribution** 名 貢献　□ **community** 名 地域社会
□ **express** 動 ～を表す　□ **publication** 名 出版物

□ (A) **gratitude** 名 感謝
　　□ **gratitude to Ms. Wieders**　Wiedersさんに対する感謝
□ (B) **contribution** 名 貢献
　　□ **contribution to Ms. Wieders**　Wiedersさんに対する貢献
　　□ **contribution of Ms. Wieders**　Wiedersさんの貢献
□ (C) **promotion** 名 昇進
　　□ **promotion to manager**　部長への昇進
　　□ **promotion of Ms. Wieders**　Wiedersさんの昇進
□ (D) **proposal** 名 提案
　　□ **proposal to Ms. Wieders**　Wiedersさんへの提案

Unit 6：重要動詞 10問　　219

52 感謝 (A) Gratitude

言い換えセンテンス 52

The **newsletter** will feature a short article **acknowledging** your contributions to the local community.
→ **Gratitude to** Ms. Wieders will be **expressed** in a **publication**.

訳 ▶ 会報ではあなたの地域社会に対する貢献に感謝の念を示す小さな記事を特集します。
→ Wiedersさんへの感謝の言葉が出版物の中で述べられる。

1. **acknowledge**(～に感謝の念を示す)が **express gratitude to**(～に感謝を述べる)に言い換えられています。「感謝」を表す類義語への言い換えです。

2. また、**newsletter**(会報)が **publication**(出版物)に言い換えられています。出版物には会報だけでなく、雑誌やパンフレットなどが含まれるので、より広い意味を持つ上位語への言い換えとなります。

3. (B)は contribution to Ms. Wieders で「Wiedersさんに対する(誰かの)貢献」という意味になり、本文では「Wiedersさんの(地域社会に対する)貢献」が述べられているので矛盾します。contribution of Ms. Wieders であれば正解です。前置詞の違いによって内容が大きく異なるので、丁寧に意味を取ることが大切です。(C)と(D)は文意に合いません。

出るパラフレーズ「感謝」

- □ **thank 人 for 事** (人)に(事)で感謝する
- □ **appreciate [acknowledge] 事** (事)に感謝する □ **acknowledgement** 感謝
- □ **be grateful [thankful] to 人 for 事** (人)に(事)で感謝している
- □ **be appreciative of 事** (事)に感謝している
- □ **express [show] one's appreciation [gratitude]** 感謝する

これらの表現は語法やコロケーションにも注意しましょう。目的語には人/事のどちらが来るか、前置詞はto/for/ofのどれになるかなどをセットで覚えておくと良いです。

53 研修会のお知らせ

―― 本文の抜粋 ――
Frederick City Council will present a seminar series on advertising.

―― 正解となる選択肢 ――
Frederick City Council will ------- an event.

ヒント
(A) videotape
(B) postpone
(C) organize
(D) report on

- □ **present** 動 (セミナーなど)を開催する
- □ **advertising** 名 広告・宣伝

- □ (A) **videotape** 動 ～をビデオ録画する
    - □ **videotape an event** イベントをビデオ録画する
- □ (B) **postpone** 動 ～を延期する 類 put off
    - □ **postpone an event** イベントを延期する
- □ (C) **organize** 動 ～を企画する
    - □ **organize an event** イベントを企画する
- □ (D) **report on** 動 ～を報道する 類 cover
    - □ **report on an event** イベントを報道する

53 開催 / イベント (C) organize

言い換えセンテンス53

🔊144

Frederick City Council will **present** a **seminar series on advertising**.

➡ Frederick City Council will **organize** an **event**.

訳 ▶ Frederick市協議会は広告に関する連続セミナーを開催いたします。
➡ Frederick市協議会はイベントを企画している。

1. **present**（〜を開催する）が **organize**（〜を企画する）に言い換えられています。類義語への言い換えです。

2. また、**seminar series on advertising**（広告に関する連続セミナー）が **event**（イベント）に言い換えられています。上位語への言い換えです。

3. (A)はビデオ録画する、(B)は延期する、(D)は報道する、となり、「イベントを開催する」という意味になりません。

出るパラフレーズ「開催」

🔊145

□ **hold** 〜を開催する　□ **be held / take place** 開催される
□ **organize** （イベントなど）を企画する　□ **present** （セミナーなど）を開催する
□ **convene** （会議など）を開催する　□ **stage** （劇）を上演する、(試合など)を開催する

出るパラフレーズ「イベント」

🔊146

□ **event** イベント　□ **function** 催し物

😊 公開テストのPart 7でfunctionがeventに言い換えられたことがあります。

□ **seminar** セミナー　□ **workshop** 研修会
□ **conference / convention** 会議
□ **exhibit / exhibition** 展示会　□ **exposition / expo** 展覧会
□ **trade show [fair]** 見本市

😊 会議などのことをprofessional event「職業上のイベント」と言い換えることもあります。

グループ　1 / 　2 / 　3 / 　4 / 　5 /

222　第2部 言い換えトレーニング

54 ツアーの広告

本文の抜粋

By joining the tour, you can appreciate the rich talent of local artists and even purchase some artwork.

 言い換え

正解となる選択肢

------- can buy artwork.

ヒント
- (A) Membership owners
- (B) Online shoppers
- (C) Tour participants
- (D) Successful bidders

- □ **join** 動 〜に参加する
- □ **appreciate** 動 〜を鑑賞する
- □ **talent** 名 才能
- □ **purchase** 動 〜を購入する
- □ **artwork** 名 芸術作品
- □ (A) **membership owners** 会員
  - □ **owner** 名 所有者
- □ (B) **online shoppers** オンライン購入者
  - □ **shopper** 名 買い物客
- □ (C) **tour participants** ツアー参加者
  - □ **participant** 名 参加者
- □ (D) **successful bidders** 落札者
  - □ **successful** 形 成功した　□ **bidder** 名 入札者

Unit 6：重要動詞 10問　223

54 参加・出席 (C) Tour participants

↓ 言い換えセンテンス 54

(147)

By **joining** the tour, you can appreciate the rich talent of local artists and even **purchase** some artwork.

➡ Tour **participants** can **buy** artwork.

訳 ▶ ツアーにご参加いただくと、地元の芸術家たちの豊かな才能を楽しむことができ、また芸術作品を購入することもできます。
　　 ➡ ツアーの参加者は芸術作品を購入できる。

1. ツアーに**参加する (join)** ことで芸術作品を購入できるとあるので、ツアーの**参加者 (participants)** が芸術作品を購入できると解釈できます。「参加・出席」に関する関連語の言い換えです。

2. また、**purchase (〜を購入する)** が **buy (〜を購入する)** に言い換えられています。同義語 (類義語) による言い換えです。

3. (A) は会員、(B) はオンライン購入者、(D) は落札者、となり、「ツアーの参加者」という意味になりません。

↑↓ 出るパラフレーズ「参加・出席」

(148)

□ **attend** 〜に出席する　□ **be present** 出席している
□ **join** (in) 〜に参加する
□ **participate in / take part in / partake in** 〜に参加する

この3つは「part- (部分) + -cipate (take (取る)) =参加してイベントの一部となる」という同じ成り立ちです。

□ **be a part of an event** イベントに参加する
□ **attendee / those present** 出席者　□ **participant** 参加者
□ **attendance / presence** 出席　□ **participation** 参加

those present は、those (who are) present と考えましょう。those who 〜は「〜する人々」という意味です。

グルグル
1 / 　2 / 　3 / 　4 / 　5 /

224　第2部　言い換えトレーニング

55 社員に向けたメールでイベントの説明をしている

本文の抜粋

To sign up for the event, staff members need to contact Maggie Morgan in the personnel department.

⬇ 言い換え

正解となる選択肢

Employees must contact Ms. Morgan to -------.

ヒント   (A) apply for a building permit
         (B) sign off on a project
         (C) submit a travel expense report
         (D) register for an event

□ **sign up for** 〜に登録する
□ **contact** 動 〜に連絡する
□ **personnel department** 人事部
□ **employee** 名 社員

□ (A) 建設許可証を申請する
    □ **apply for** 〜を申請する □ **permit** 名 許可証
□ (B) プロジェクトを承認する
    □ **sign off on** 〜を承認する 類 approve
□ (C) 旅行経費報告書を提出する
    □ **travel expense report** 旅行経費報告書
□ (D) イベントに登録する
    □ **register for** 〜に登録する

Unit 6：重要動詞 10問   225

55 登録・申込　(D) register for an event

↓ 言い換えセンテンス 55

149

To **sign up for** the event, **staff** members need to contact Maggie Morgan in the personnel department.

➡ **Employees** must contact Ms. Morgan to **register for an event**.

> 訳 ▶ イベントに登録するためには、社員はまず人事部の Maggie Morgan に連絡しないといけません。
> ➡ 社員はイベントに登録するために Morgan さんに連絡を取らなければならない。

1. **sign up for**（〜に登録する）が **register for**（〜に登録する）に言い換えられています。「登録」を表す同義語（類義語）の言い換えです。

2. また、**staff**（社員）が **employees**（社員）に言い換えられています。同義語（類義語）の言い換えです。

3. (A)(B)(C) は本文と内容が一致しません。(A) は sign up for の類義語である apply for、(B) は sign up for と似た表現の sign off on、を使った単語ひっかけです。なお、sign off on「〜を承認する」は approve と言い換えになる重要表現です。

↑↓ 出るパラフレーズ「登録・申込」

150

☐ **sign up for** / **register for**　〜に登録する　☐ **apply for**　〜に申し込む
☐ **enroll in** [**for**]　〜に登録する　☐ **subscribe to**　〜を定期購読する
☐ **be entered into a drawing**　抽選会に登録される

これらの動詞はよく使われる前置詞とセットで覚えておきましょう。

drawing「抽選（会）、くじ引き」は、lottery「（宝）くじ」や raffle「（慈善のための）くじ」と言い換えになります。

☐ **sign-up** / **registration** / **enrollment** / **entry**　登録
☐ **application**　申込（書）　☐ **subscription**　定期購読
☐ **registrant**　登録者　☐ **applicant**　申込者、応募者
☐ **entrant** / **contestant**　（大会の）参加者

226　第2部　言い換えトレーニング

56 不動産の広告

本文の抜粋

With a recently modernized kitchen, this three-bedroom house on Elm Avenue is a good buy.

 言い換え

正解となる選択肢

The three-bedroom house on Elm Avenue has most likely been -------.

ヒント
- (A) demolished
- (B) relocated
- (C) outdated
- (D) renovated

- □ **recently** 副 最近
- □ **modernized** 形 現代化された □ 派 **modern** 形 現代の
- □ **a good buy** お買い得品

- □ (A) **demolish** 動 〜を取り壊す 類 tear down
  - □ **demolish a house** 家を取り壊す
- □ (B) **relocate** 動 〜を移転させる
  - □ **relocate a house** 家を移転させる
- □ (C) **outdated** 形 時代遅れの
- □ (D) **renovate** 動 〜を改装する
  - □ **renovate a house** 家を改装する

Unit 6：重要動詞 10問   227

56 改装 (D) renovated

言い換えセンテンス 56

With a recently **modernized** kitchen, this three-bedroom house on Elm Avenue is a good buy.
➡ The three-bedroom house on Elm Avenue has most likely been **renovated**.

訳 ▶ 最近最新式になった台所付きですので、Elm通りにあるこの寝室3部屋の物件はよい買い物です。
➡ Elm通りにある寝室3部屋の物件はおそらく改装済みである。

1. 台所が**最新式になった (modernized)** とあるので、その物件は**改装された (renovated)** ことがわかります。改装には最新式にすることだけでなく、元の状態に戻す修復や構造やデザインを変える改築なども含まれるため、より広い意味を持つ上位語への言い換えとなります。

2. 「改装」を表す表現はたくさんあり、TOEICではいろんな形で問われます。ニュアンスは異なるものの、まずはざっくり改装のことだとわかるようにしておきましょう。

3. (A)は建物の取り壊し、(B)は建物の移転、(C)は建物が時代遅れであることを説明しており、建物の改装という内容に合いません。

出るパラフレーズ「改装」

- □ **renovate** 〜を改装する □ **remodel** 〜を改築する
- □ **refurbish** 〜を補修する、磨き直す □ **restore** 〜を修復する
- □ **redecorate** 〜を改装する □ **repair** 〜を修理する
- □ **revamp** 〜を刷新する □ **improve** 〜を改良する
- □ **upgrade** 〜を改良する □ **update** 〜を最新のものにする
- □ **modernize** 〜を最新式にする □ **convert** 〜を改造する □ **makeover** 改装

上記の名詞形も覚えておきましょう。
renovation / remodeling / refurbishment / restoration / redecoration / repair / revamp / improvement / upgrade / update / modernization / conversion

reformは「〜を改革する」という意味です。カタカナの「リフォーム」は和製英語なので注意しましょう。

57 施設の現状を報告し改装の必要性を訴えている

― 本文の抜粋 ―
The candle shop on Main Street is quite small.

 言い換え

― 正解となる選択肢 ―
The problem is that a business cannot ------- much foot traffic.

ヒント
(A) clean
(B) accommodate
(C) be available
(D) enlarge

- □ **quite** 副 とても
- □ **business** 名 店
- □ **foot traffic** 客/利用者の出足

- □ (A) **clean** 動 ～を掃除する
- □ (B) **accommodate** 動 ～を収容する
- □ (C) **available** 形 利用できる
- □ (D) **enlarge** 動 ～を拡大する

57 収容 (B) accommodate

言い換えセンテンス 57

The **candle shop** on Main Street is **quite small**.
→ The problem is that a **business cannot accommodate much foot traffic**.

訳 ▶ メイン通りのキャンドルショップはとても小さいです。
→ 問題は店があまり多くの人の往来を受け入れられないことである。

1. キャンドルショップが**とても小さい (quite small)** とあるので、そのお店は**あまり多くの人の往来を受け入れることができない (cannot accommodate much foot traffic)** ことがわかります。文の内容を要約してまとめる文単位の言い換えです。

2. また、**キャンドルショップ (candle shop)** が**店 (business)** に言い換えられています。上位語への言い換えです。

3. 他の選択肢はどれも foot traffic と上手くつながりません。(A) は clean a business で「店を掃除する」、(C) は a business is not available で「店が利用できない」、(D) は enlarge a business で「店を拡大する」という意味になります。

出るパラフレーズ「収容」

□ **accommodate** （人・物）を収容する　□ **seat** （人）を座らせる
□ **house / hold** ～を収容する
□ **capacity** 収容能力　*ex.* **seating capacity** 座席数
□ **have a capacity of** ～の収容能力がある
ex. **The room can accommodate [seat] 100 people.**　この部屋には 100 人入る
ex. **The room has a capacity of 100 people.**　この部屋には 100 人入る

accommodate は「①～を収容する、②（ニーズなど）を満たす」などの意味で出る TOEIC 重要語です。今回は「収容」に関する言い換えで、①の意味で使われています。

動詞の seat は語法も押さえておきましょう。自動詞の sit「座る」と異なり、目的語を伴う他動詞「～を座らせる」で使います。また過去分詞を用いて be seated「座っている」や remain seated「座ったままでいる」などの形でもよく出てきます。

Unit 6：確認問題

(1)〜(10)の言い換えとなる表現を①〜⑩から選びなさい。各選択肢は一度しか使えません。なお、言い換えとなる表現には同義語だけでなく、上位語や関連語なども含みます。また、品詞が異なる場合もあります。

(1)	go over
(2)	function
(3)	appreciate
(4)	be held
(5)	alter
(6)	attendee
(7)	participate in
(8)	registration
(9)	redecorate
(10)	seat

① accommodate　② enrollment
③ improve　④ modify
⑤ event　⑥ review
⑦ take place　⑧ be grateful
⑨ take part in　⑩ those present

Unit 6：重要動詞 10問　　231

解答

(1)	**go over** ～を検討する	➡	(6)	**review** ～を検討する
(2)	**function** 催し物	➡	(5)	**event** イベント
(3)	**appreciate** ～に感謝する	➡	(8)	**be grateful** 感謝している
(4)	**be held** 開催される	➡	(7)	**take place** 行われる
(5)	**alter** ～を修正する	➡	(4)	**modify** ～を修正する
(6)	**attendee** 出席者	➡	(10)	**those present** 出席者
(7)	**participate in** ～に参加する	➡	(9)	**take part in** ～に参加する
(8)	**registration** 登録	➡	(2)	**enrollment** 登録
(9)	**redecorate** ～を改装する	➡	(3)	**improve** ～を改良する
(10)	**seat** ～を座らせる	➡	(1)	**accommodate** ～を収容する

重要名詞
9問

次は重要名詞です。
同じ物・事を表す際にも、
英語では様々な表現を使って
言い換えが行われます。

58 ある企業についての記事で拡大の案について述べている
（GrangerさんはCEO）

本文の抜粋

Mr. Granger believes that expanding the current building is more practical.

⬇ 言い換え

正解となる選択肢

Mr. Granger probably disagrees with a proposal to build a new -------.

ヒント
- (A) career
- (B) facility
- (C) system
- (D) relationship

- □ **expand** 動 〜を拡大する
- □ **current** 形 現在の
- □ **practical** 形 現実的な
- □ **disagree with** 〜に反対する
- □ **proposal** 名 提案

- □ (A) **career** 名 経歴
  - □ **build a new career** 新しい経歴を作る
- □ (B) **facility** 名 施設
  - □ **build a new facility** 新しい施設を作る
- □ (C) **system** 名 制度、システム
  - □ **build a new system** 新しい制度、システムを作る
- □ (D) **relationship** 名 関係
  - □ **build a new relationship** 新しい関係を築く

Unit 7：重要名詞 9問　235

58 施設・建物　(B) facility

言い換えセンテンス58

Mr. Granger believes that expanding **the current building** is **more practical**.

→ Mr. Granger probably **disagrees with** a proposal to build **a new facility**.

訳▶ 現在の建物を拡張するのがより現実的だとGrangerさんは信じている。
　→ Grangerさんはおそらく新しい施設を建てる案に反対している。

1. 比較級（more）を使っていることから2つの案の対比が示唆され、**現在の施設の拡張**という案と**新しい施設の建設**という案があることが読み取れます。Gangerさんは前者がより現実的だと述べているので、逆に後者の案に反対していることがわかります。**building**（建物）と **facility**（施設）が「施設」を表す類義語として言い換えられています。

2. また、**current**（現在の）と **new**（新しい）、**more practical**（より現実的な）と **disagree with**（〜に反対する）が対比表現として使われています。「現在の施設に対する肯定的な意見」と「新しい施設に対する否定的な意見」の〈対比〉を見抜くことも読解のポイントとなります。

3. (A)は新しい経歴を作る、(C)は新しい制度を作る、(D)は新しい関係を築く、となり、「新しい施設を作る」という意味になりません。

出るパラフレーズ「施設・建物」

- □ **building**　建物　□ **facility / establishment**　施設
- □ **property**　不動産、物件
- □ **premises**　敷地、建物　*ex.* **on the property [premises]**　敷地内で
- □ **complex**　複合施設
- □ **structure / construction / architecture**　建造物
- □ **institution**　（公共機関などの）施設

これらの単語を見たら「建物」を瞬時にイメージできるようにしましょう。中にはestablishment（設立）、complex（複雑な）、structure（構造）など、異なる意味で覚えている単語もあると思いますが、TOEICでは「建物」を表す意味としても登場します。

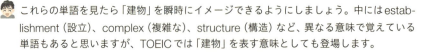

236　第2部　言い換えトレーニング

59 社内メモ

本文の抜粋

We need to secure accommodations for our upcoming trip.

↓ 言い換え

正解となる選択肢

The employees have to book their -------.

ヒント　(A) flight
　　　　(B) table
　　　　(C) lodging
　　　　(D) band

□ **secure** 動 ～を確保する
□ **accommodations** 名 宿泊施設
□ **upcoming** 形 今度の
□ **book** 動 ～を予約する

□ (A) **flight** 名 飛行機
　　□ **book a flight** 飛行機を予約する
□ (B) **table** 名 （レストランなどの）席
　　□ **book a table** （レストランなどの）席を予約する
□ (C) **lodging** 名 宿泊施設
　　□ **book lodging** 宿泊施設を予約する
□ (D) **band** 名 バンド
　　□ **book a band** バンドを予約する

Unit 7：重要名詞 9問　　237

59 宿泊施設 / 予約 (C) lodging

言い換えセンテンス59

🔊157

We **need to secure accommodations** for our upcoming trip.

➡ The employees **have to book** their **lodging**.

訳 ▶ 今度の出張のために宿泊施設を確保する必要があります。
　➡ 社員は宿泊施設を予約しなければならない。

1. **accommodations**（宿泊施設）が **lodging**（宿泊施設）に言い換えられています。類義語による言い換えです。accommodations はホテルなどの宿泊施設を表す語として TOEIC で頻出です。

2. また、**need to**（〜する必要がある）が **have to**（〜しなければならない）に、**secure**（〜を確保する）が **book**（〜を予約する）に言い換えられています。類義語による言い換えです。

3. (A) は飛行機を予約する、(B) は席を予約する、(D) はバンドを予約する、となり、「宿泊施設を予約する」という意味になりません。

出るパラフレーズ「宿泊施設」

🔊158

☐ **accommodations / lodging**　宿泊施設
☐ **hotel**　ホテル　☐ **inn**　旅館、ホテル

👨 inn はリスニングで注意です。本文中の "〇〇 Inn" というホテル名から、話者の職場がホテルであることを推測させる問題が出ます。

出るパラフレーズ「予約」

🔊159

☐ **reserve / book**　〜を予約する
☐ **make a reservation [booking]**　予約する
☐ **make an appointment**　予約する
☐ **secure**　〜を確保する

👨 book「〜を予約する」は book「本」との単語ひっかけに注意！

| | 1 / | 2 / | 3 / | 4 / | 5 / |

238　第2部 言い換えトレーニング

60 ツアーの参加者に注意事項を話している

本文の抜粋

Please wear your safety glasses and helmets when you enter the worksite.

 言い換え

正解となる選択肢

The speaker asks the listeners to wear their -------.

ヒント
(A) seatbelt
(B) identification badge
(C) protective gear
(D) formal attire

- **safety glasses** 防護メガネ
- **enter** 動 〜に入る
- **worksite** 名 作業現場
- (A) **seatbelt** 名 シートベルト
  - **wear a seatbelt** シートベルトを締める
- (B) **identification badge** 身分証明バッジ
  - **wear an identification badge** 身分証明バッジをつける
- (C) **protective gear** 防具
  - **wear protective gear** 防具を身につける
- (D) **formal attire** 正装
  - **wear formal attire** 正装する

🚄 60 防具 (C) protective gear

↓ 言い換えセンテンス60

🔊160

Please wear your **safety glasses** and **helmets** when you enter the worksite.

➡ The speaker asks the listeners to wear their **protective gear**.

訳▶作業現場に入る際は防護メガネとヘルメットをつけてください。
　　➡ 話者は聞き手に防具を身につけるように頼んでいる。

1. **safety glasses**（防護メガネ）と **helmets**（ヘルメット）が **protective gear**（防具）に言い換えられています。防具にはゴーグルや安全手袋なども含まれるので、より広い意味を持つ上位語への言い換えとなります。

2. gear には「（特定の用途の）道具、用具、装備」という意味があります。今回の protective gear「防具」以外に、camping gear「キャンプ道具」、sport gear「スポーツ用品」、rain gear「雨具」なども覚えておきましょう。

3. (A)はシートベルトを締める、(B)は身分証明バッジをつける、(D)は正装する、となり、「防護メガネとヘルメットをつける」の言い換えになりません。

↑↓ 出るパラフレーズ「防具」

🔊161

☐ **protective gear**　防具
☐ **protective clothing** [**garment, wear, suit**]　防護服
☐ **safety glasses**　防護メガネ　☐ **goggles**　ゴーグル
☐ **helmet**　ヘルメット　☐ **safety gloves**　安全手袋

👤 防具に関する表現はPart 1の写真描写問題にもよく出ます。写っている人物がゴーグルやヘルメットなどを身に付けていたら、これらの表現が使われる可能性が高いです。

👤 メガネや手袋は2つペアでセットなので、複数形で使います。
　ex. **A man is wearing (a pair of) goggles.**　男はゴーグルを着けています

240　第2部　言い換えトレーニング

1 / 2 / 3 / 4 / 5 /

61 業者から顧客のThatcherさんへのメール

本文の抜粋

Let me know the height and width of the couch.

⬇ 言い換え

正解となる選択肢

Ms. Thatcher is asked to provide information about the ------- of a sofa.

ヒント　　(A) dimensions
　　　　　(B) price
　　　　　(C) texture
　　　　　(D) shipment

□ **height**　名 高さ
□ **width**　名 幅
□ **couch**　名 長いす、ソファ

□ (A) **dimensions**　名 寸法
　　□ **the dimensions of a sofa**　ソファの寸法
□ (B) **price**　名 価格
　　□ **the price of a sofa**　ソファの価格
□ (C) **texture**　名 肌触り
　　□ **the texture of a sofa**　ソファの肌触り
□ (D) **shipment**　名 配送
　　□ **the shipment of a sofa**　ソファの配送

Unit 7：重要名詞 9問　　241

61 大きさ (A) dimensions

⬇ 言い換えセンテンス61

🔊162

Let me know the **height and width** of the **couch**.

➡ Ms. Thatcher is asked to provide information about the **dimensions** of a **sofa**.

訳 ▶ 長いすの高さと幅を教えてください。
　➡ Thatcherさんはソファの寸法についての情報を提供するように依頼されている。

1. **height and width** (高さと幅) が **dimensions** (寸法) に言い換えられています。寸法には高さ、幅、長さ、奥行きなどが含まれるため、より広い意味を持つ上位語への言い換えとなります。dimensionsは同義語 (類義語) のsizeと言い換えになることも多く、「大きさ」を表す言い換え表現として重要です。

2. また、**couch** (長いす・ソファ) が **sofa** (ソファ) に言い換えられています。同義語 (類義語) による言い換えです。

3. (B)はソファの価格、(C)はソファの肌触り、(D)はソファの配送、を表し、「ソファの寸法」という内容になりません。

⬆⬇ 出るパラフレーズ「大きさ」

🔊163

□ **size** 大きさ　□ **dimensions** 寸法、大きさ
□ **measurement** 寸法　□ **S measure C** SはCの寸法がある
　ex. **The room measures seven meters wide by eight meters long.**
　　その部屋は幅7メートル、奥行き8メートルの寸法がある。

😀 「× (かける)」を表すbyの用法も要注意です。

□ **length** 長さ　□ **long** 長い
□ **height** 高さ　□ **high** 高い

😀 heightの発音は「ハイトゥ」。

□ **width** 幅　□ **wide** 幅広い
□ **depth** 奥行き　□ **deep** 奥行きのある
□ **volume** 体積

グルグル 1 / 　2 / 　3 / 　4 / 　5 /

242　第2部　言い換えトレーニング

62 記事中のFulmerさんの談話

本文の抜粋

I got a nice watercolor painting to decorate my room with.

↓ 言い換え

正解となる選択肢

Ms. Fulmer will most likely hang -------.

ヒント　　(A) a sign
　　　　　(B) laundry
　　　　　(C) an artwork
　　　　　(D) a coat

□ **watercolor painting**　水彩画
□ **decorate X with Y**　X（部屋）をY（物）で飾る
□ **hang**　動　～を掛ける

□ (A) **sign**　名　標識
□ (B) **laundry**　名　洗濯もの
□ (C) **artwork**　名　芸術作品
□ (D) **coat**　名　コート

Unit 7：重要名詞 9問　　243

62 芸術　(C) an artwork

言い換えセンテンス 62

I got a nice **watercolor painting** to **decorate my room with**.
→ Ms. Fulmer will most likely **hang** an **artwork**.

訳▶私の部屋を飾るのによい水彩画を入手しました。
　→ Fulmerさんはおそらく芸術作品を掛ける。

1. **watercolor painting**（水彩画）が **artwork**（芸術作品）に言い換えられています。芸術作品の中には水彩画だけでなく、壁画（mural）や彫刻（sculpture）などが含まれるため、より広い意味を持つ上位語への言い換えとなります。

2. また、**decorate my room with**（部屋を〜で飾る）が **hang**（〜を掛ける）に言い換えられています。水彩画を部屋に飾る際には、水彩画を壁にかけることが推測できますね。

3. (A)は標識、(B)は洗濯もの、(D)はコートで、部屋に掛ける対象が異なります。

出るパラフレーズ「芸術」

- □ **artwork / work of art**　芸術作品　□ **piece**　作品
- □ **painting**　絵画　□ **mural**　壁画　□ **sculpture**　彫刻作品
- □ **watercolor painting**　水彩画　□ **oil painting**　油絵
- □ **portrait**　肖像画　□ **craft**　工芸品
- □ **art museum**　美術館　□ **gallery**　画廊　□ **curator**　学芸員

mural はリスニングでも出ます。発音は「**ミュ(ア)ロウ**」。

絵などの芸術作品はPart 1によく出ます。
　ex. **There are some paintings on either side of the window.**
　　窓の両側に絵画がある

63 商品の広告

本文の抜粋

Please mention this ad for 10% off your next purchase.

⬇ 言い換え

正解となる選択肢

Customers should refer to the advertisement to receive
-------.

ヒント　(A) a new flavor
　　　　(B) free shipping
　　　　(C) a gift card
　　　　(D) a discount

- □ **mention** 動 ～に言及する
- □ **ad** 名 広告（advertisementの短縮語）
- □ **purchase** 名 購入
- □ **refer to** ～に言及する
- □ **receive** 動 ～を受け取る

- □ (A) **new flavor** 新しい味
- □ (B) **free shipping** 無料配送
- □ (C) **gift card** ギフト券
- □ (D) **discount** 名 割引

Unit 7：重要名詞 9問　　245

63 割引 (D) a discount

言い換えセンテンス63

Please **mention** this **ad** for **10% off** your next purchase.
→ Customers should **refer to** the **advertisement** to receive a **discount**.

訳 ▶ 次の購入で10%の割引を受けるためには、この広告を見たとお伝えください。
→ 顧客たちは割引を受け取るためにこの広告について言及しなければならない。

1. **10% off**（10%割引）が **discount**（割引）に言い換えられています。割引には10%割引だけでなく、半額（half price）や1つ買うともう1つ無料（buy 1 get 1 free）など様々なものが含まれるため、より広い意味を持つ上位語への言い換えとなります。

2. また、**mention**（〜に言及する）が **refer to**（〜に言及する）に、**ad**（広告）が **advertisement**（広告）に言い換えられています。どちらも類義語の言い換えです。「広告・宣伝」は promotion（販売促進）や publicity（宣伝・公表）の言い換え表現も重要です。

3. (A)は新しい味、(B)は無料配送、(C)はギフト券、を受け取るためにとなり、広告を見せる目的が異なります。

出るパラフレーズ「割引」

☐ **discount / reduction** 割引　☐ **〜 % off** 〜%割引
☐ **at a discounted [reduced] rate** 割引料金で
☐ **bargain** お買い得品　☐ **deal** 割引、特典
☐ **special offer** 特別割引

- rate は多義語です。「割合・率、料金（price）、〜を評価する」などの意味でよく出ます。
- deal は多義語です。今回の「割引・特典」以外にも、「取引」、(a great deal of で) 大量の〜、(deal with で) 〜に対処する」などがあります。
- discount [deal] on X 「Xに対する割引」というコロケーションが問われることがあります。

64 Lion Technologies社の広告（Yatesさんは商店のオーナーでLion Technologies社のサービスを利用しようと思っている）

本文の抜粋

Visit our Web site to read testimonials from shop owners.

⬇ 言い換え

正解となる選択肢

Ms. Yates should visit Lion Technologies' Web site to read ------- from businesspeople.

ヒント
(A) portfolios
(B) tips
(C) articles
(D) quotes

□ **testimonials** 名 お客様の声
□ **owner** 名 オーナー、経営者
□ **businesspeople** 名 実業家

□ (A) **portfolio** 名 作品集
□ (B) **tip** 名 アドバイス、ヒント
□ (C) **article** 名 記事
□ (D) **quote** 名 引用文

Unit 7：重要名詞 9問　247

64 お客様の声 (D) quotes

↓ 言い換えセンテンス64

（168

Visit our Web site to read **testimonials** from **shop owners**.

➡ Ms. Yates should visit Lion Technologies' Web site to read **quotes** from **businesspeople**.

訳▶店のオーナーから寄せられたお客様の声を読むために私どものサイトを訪れてください。
➡ Yates さんは実業家からの引用文を読むために Lion Technologies 社のサイトを訪れるべきである。

1. **testimonials（お客様の声）**が **quotes（引用文）**に言い換えられています。「お客様の声」を表す関連語による言い換えです。会社のサービスの良さを伝えるために、お客様の声をホームページに載せるという話が TOEIC ではよく出てきます。

2. また、**shop owners（お店のオーナー）**が **businesspeople（実業家）**に言い換えられています。実業家にはお店のオーナーだけでなく、経営者（business owner）や投資家（investor）なども含まれるため、より広い意味を持つ上位語への言い換えとなります。

3. (A)は実業家の作品集、(B)は実業家のアドバイス、(C)は実業家の記事、となり、「実業家からの引用文」という内容になりません。

↑↓ 出るパラフレーズ「お客様の声」

（169

☐ **testimonials** お客様の声
☐ **quote** 引用文

👤 quote には「見積もり（estimate）」という意味もあります。

☐ **recommendation** 推薦文
☐ **endorsement** （有名人などの）推薦文
☐ **customer feedback [review, comment]** お客様の声
☐ **complaint** クレーム、不満の声 ☐ **complain** 不満を述べる

👤 strong endorsement「力強い推薦」というコロケーションが問われたことがあります。

248 第2部 言い換えトレーニング

| 1 / | 2 / | 3 / | 4 / | 5 / |

65 Barrett さんからのメール

本文の抜粋

Be wary of any brochure not affiliated with us.

⬇ 言い換え

正解となる選択肢

Mr. Barrett recommends caution against unauthorized
-------.

ヒント
- (A) access
- (B) publications
- (C) users
- (D) textbooks

□ **be wary of** ～に注意する　□ **brochure** 名 パンフレット
□ **be affiliated with** ～と関係がある
　※過去分詞 (not affiliated with us) が名詞 (any brochure) を後ろから修飾している
□ **recommend** 動 ～を勧める　□ **caution** 名 注意
□ **unauthorized** 形 非公認の

□ (A) **access** 名 アクセス、利用
　□ **unauthorized access**　非公認のアクセス
□ (B) **publication** 名 出版物
　□ **unauthorized publications**　非公認の出版物
□ (C) **user** 名 利用者
　□ **unauthorized users**　非公認の利用者
□ (D) **textbook** 名 教科書
　□ **unauthorized textbooks**　非公認の教科書

Unit 7：重要名詞 9問　249

65 パンフレット (B) publications

言い換えセンテンス 65

Be wary of any brochure not affiliated with us.
→ Mr. Barrett recommends caution against unauthorized publications.

訳 ▶ 私どもとは無関係のいかなるパンフレットにもご注意ください。
→ Barrettさんは非公認の出版物に注意することを勧めている。

1. **brochure**（パンフレット）が **publication**（出版物）に言い換えられています。出版物にはパンフレットだけでなく、雑誌や新聞なども含まれるため、より広い意味を持つ上位語への言い換えとなります。

2. また、**Be wary of**（〜に注意してください）が **caution**（注意）に、**not affiliated with us**（私たちとは無関係の）が **unauthorized**（非公認の）に言い換えられています。どれも類義表現を使った語句単位の言い換えです。

3. (A)は非公認のアクセス、(C)は非公認の利用者、(D)は非公認の教科書、を表し、非公認のパンフレットを表しません。

出るパラフレーズ「パンフレット」

- □ **brochure / pamphlet / booklet** パンフレット、小冊子
- □ **leaflet / flyer** チラシ
- □ **publication** 出版物
- □ **printed material** 印刷物

 brochure は会社案内や商品紹介など宣伝目的で使う冊子のことを言います。発音は「ブロウシュア」です。一方、pamphlet は「動物保護」などある1つのテーマについて解説したり意見を述べるための冊子のことを言います。その他の単語も含めてネットで画像検索をすると違いがイメージしやすいですよ。

let は「小さい」を意味するパーツです（ex. piglet 子ブタ）。booklet / leaflet は小さな冊子のことです。

66 レストランの広告

本文の抜粋

We have used the same recipe for over a century.

 言い換え

正解となる選択肢

The recipe -------.

ヒント
(A) has been used over the past decade
(B) has been passed down through two generations
(C) was modified several times
(D) is more than 100 years old

- □ **over** 〜以上
- □ **century** 名 1世紀、100年

- □ (A) 過去十年間使われてきた
    - □ **over** 前 〜にわたって、〜の間
    - □ **past** 形 過去の
    - □ **decade** 名 10年間
- □ (B) 2世代にわたって受け継がれてきた
    - □ **pass down** 〜を受け継ぐ □ **generation** 名 世代
- □ (C) 何度か修正された
    - □ **modify** 動 〜を修正する
- □ (D) 100年以上経っている
    - □ **more than** 〜以上

Unit 7：重要名詞 9問　251

66 数字 / 紛らわしい over の区別　(D) is more than 100 years old

言い換えセンテンス 66

We have used the same recipe for **over a century**.
➡ The recipe is **more than 100 years old**.

訳▶ 私どもは1世紀以上の間、同じレシピを使い続けています。
　　➡ レシピは100年以上前からある。

1. **a century**(1世紀) が **100 years**(100年) に言い換えられています。同義語の言い換えです。「1世紀＝100年」のような数字の言い換えもTOEICで多用されます。

2. また、**over**(〜以上) が **more than**(〜以上) に言い換えられています。同義語(類義語)の言い換えです。

3. (A)は過去十年間使われてきた、(B)は2世代にわたって受け継がれてきた、(C)は何度か修正されたとなり、文意に合いません。なお、(A)のoverは「〜の間(for)」という意味であり、「〜以上(more than)」ではないので注意が必要です。「十年以上の間」と言う場合は、for over a decade となります。overを使ったひっかけはよくあるので、どちらの意味なのかを正確に把握しましょう。

出るパラフレーズ「数字」

□ **century**　1世紀 (= 100 years)
□ **decade**　10年間 (= 10 years)
□ **generation**　世代
□ **dozen**　12の

「two decades ⇨ 20 years」などの言い換えも出ます。

1世代 (generation) は約30年間を表します。

【番外編】紛らわしいoverの区別

期間のover「〜の間 (for)」と 超過のover「〜以上 (more than)」を区別しましょう。
ex. ここ10年の間〈期間〉　**over the past ten years** = **for the past ten years**
ex. 10年以上の間〈超過〉　**for over ten years** = **for more than ten years**

Unit 7：確認問題

(1)～(10)の言い換えとなる表現を①～⑩から選びなさい。各選択肢は一度しか使えません。なお、言い換えとなる表現には同義語だけでなく、上位語や関連語なども含みます。また、品詞が異なる場合もあります。

(1)	**establishment**
(2)	**over**
(3)	**dimensions**
(4)	**mural**
(5)	**deal**
(6)	**flyer**
(7)	**endorsement**
(8)	**decade**
(9)	**reservation**
(10)	**on the property**

① **on the premises**　② **ten years**
③ **recommendation**　④ **artwork**
⑤ **more than**　⑥ **facility**
⑦ **size**　⑧ **printed material**
⑨ **booking**　⑩ **reduction**

Unit 7：重要名詞 9問　253

解答

(1)	**establishment** 施設	➡	⑥	**facility** 施設	
(2)	**over** 〜以上	➡	⑤	**more than** 〜以上	
(3)	**dimensions** 寸法	➡	⑦	**size** サイズ	
(4)	**mural** 壁画	➡	④	**artwork** 芸術作品	
(5)	**deal** 割引	➡	⑩	**reduction** 割引	
(6)	**flyer** チラシ	➡	⑧	**printed material** 印刷物	
(7)	**endorsement**（有名人などの）推薦文	➡	③	**recommendation** 推薦文	
(8)	**decade** 10年間	➡	②	**ten years** 10年間	
(9)	**reservation** 予約	➡	⑨	**booking** 予約	
(10)	**on the property** 敷地内で	➡	①	**on the premises** 敷地内で	

重要形容詞 / 副詞 / 構文など
11問

いよいよ最後の Unit です！
ここでは形容詞、副詞、構文などを
まとめて攻略します。
ハイスコア獲得に向けて
一気に駆け上がる言い換え表現を
学んでいきましょう！

67 商品（マットレス）の使い方マニュアル

本文の抜粋

Flip the mattress two or three times a month.

↓ 言い換え

正解となる選択肢

Users should turn over their mattress -------.

ヒント
(A) upon delivery
(B) at least once a week
(C) on a monthly basis
(D) periodically

□ **flip** 動 ～を裏返す
□ **mattress** 名 マットレス
□ **user** 名 利用者
□ **turn over** ～を裏返す

□ (A) **upon delivery** 配達時に
□ (B) **at least once a week** 少なくとも週に 1 回
□ (C) **on a monthly basis** 月単位で、毎月
□ (D) **periodically** 副 定期的に

Unit 8：重要形容詞 / 副詞 / 構文 など 11 問　257

67 定期的に　(D) periodically

言い換えセンテンス 67

Flip the mattress **two or three times a month**.
→ Users should **turn over** their mattress **periodically**.

訳 ▶ マットレスを月に2、3回裏返してください。
　　→ 使用者は定期的にマットレスを裏返さなくてはならない。

1. **two or three times a month**（月に2、3回）が **periodically**（定期的に）に言い換えられています。「定期的に」とは月に2、3回だけでなく様々な頻度を表すため、より広い意味を持つ上位語への言い換えとなります。

2. また、**flip**（～を裏返す）が **turn over**（～を裏返す）に言い換えられています。同義語（類義語）への言い換えです。

3. (A)は配達時に、(B)は少なくとも週に1回、(C)は毎月となり、文意に合いません。(B)と(C)は頻度を述べているものの、月に2、3回と一致しません。上位語のperiodically「定期的に」を使うことで、数字の一致を気にせず内容を言い換えることができます。

出るパラフレーズ「定期的に」

☐ **regularly / periodically**　定期的に
☐ **regular**　定期的な　☐ **periodical**　定期的な、定期刊行物
☐ **on a regular basis / with regularity**　定期的に

　on a ～ basisで「～単位で」という意味の表現です。(C)の on a monthly basis「月単位で、毎月」も同じ表現が使われています。

　with regularity = regularly です。〈with ＋ 抽象名詞〉で副詞の働きをします。同じ形の表現に、with ease = easily（簡単に）、with care = carefully（注意深く）、with enthusiasm = enthusiastically（熱心に）などがあります。どれも副詞と言い換えられると覚えておきましょう。

68 レストラン (Dan's Steakhouse) の広告

本文の抜粋

Customers appreciate our commitment to providing budget-friendly cuisine.

↓ 言い換え

正解となる選択肢

Dan's Steakhouse most likely serves ------- dishes.

ヒント
- (A) signature
- (B) affordable
- (C) local
- (D) traditional

- □ **appreciate** 動 ～を正しく評価する
- □ **commitment** 名 専念、献身
- □ **provide** 動 ～を提供する
- □ **budget-friendly** 形 予算に優しい
- □ **cuisine** 名 料理
- □ **serve** 動 (食事など) を提供する
- □ **dish** 名 料理

- □ (A) **signature** 形 特徴的な、代表的な
  - □ **signature dishes** 看板メニュー
- □ (B) **affordable** 形 手頃な値段の
  - □ **affordable dishes** 手頃な値段の料理
- □ (C) **local** 形 地元の
  - □ **local dishes** 地元の料理
- □ (D) **traditional** 形 伝統的な
  - □ **traditional dishes** 伝統的な料理

Unit 8：重要形容詞 / 副詞 / 構文 など 11 問　　259

68 安い (B) affordable

言い換えセンテンス 68

Customers appreciate our commitment to **providing budget-friendly cuisine**.
→ Dan's Steakhouse most likely **serves affordable dishes**.

訳▶ お客様は我々の予算に優しい料理を提供することに対する献心を理解してくれています。
→ Dan's Steakhouse はおそらく手頃な値段の料理を提供している。

1. **budget-friendly**（予算に優しい）が **affordable**（手頃な値段の）に言い換えられています。「安い」を意味する類義語による言い換えです。
2. また、**provide**（〜を提供する）が **serve**（〜を提供する）に、**cuisine**（料理）が **dishes**（料理）に言い換えられています。同義語（類義語）の言い換えです。
3. (A) は看板メニュー、(C) は地元の料理、(D) は伝統的な料理、を表し、「安い料理」という内容になりません。

出るパラフレーズ「安い」

- □ **cheap / inexpensive** 安い □ **reasonable / affordable** 手頃な
- □ **competitive** 他に負けない □ **economical** 経済的な

competitive は文脈によって意味が変わるので注意しましょう。competitive price は「他に負けない価格→安い価格」ですが、competitive salary は「他に負けない給料→高い給料」となります。

- □ **reasonably [affordably, competitively, economically] priced**
  手頃な [手頃な、他に負けない、経済的な] 価格の

〈副詞 + priced〉で「○○な価格の」という意味で使います。Part 5 の品詞問題で副詞や過去分詞（priced）の部分が空欄になることがあります。

- □ **budget** 格安の □ **budget-friendly** 予算に優しい
- □ **low-budget** 低予算の □ **low-cost** 安価な

budget は名詞「予算」だけでなく、形容詞「格安の」もあります。budget hotel「ビジネスホテル」や budget airline「格安航空」などのフレーズで覚えておきましょう。LCC を表す low-cost carrier「格安航空会社」も関連表現として覚えておきましょう。

69 チームメンバー向けに顧客アンケートの結果を報告している

— **本文の抜粋** —

Our customers couldn't be happier with the children's play area.

↓ 言い換え

— **正解となる選択肢** —

The customers ------- a facility.

ヒント
(A) are pleased with
(B) are dissatisfied with
(C) play an important role in
(D) bring up their children at

□ **couldn't be happier** 最高に喜んでいる
　※**couldn't**＋比較級で「これ以上ないほど〜である」という意味
　　ex. **It couldn't be better.** それは最高である
　　ex. **I couldn't agree more.** 私は大賛成である
□ **play area** 遊び場
□ **facility** 名 施設

□ (A) **be pleased with** 〜に満足している
□ (B) **be dissatisfied with** 〜に不満を抱いている
□ (C) **play an important role in** 〜において重要な役割を果たす
□ (D) **bring up their children at** 〜で子どもを育てる

Unit 8：重要形容詞 / 副詞 / 構文 など 11問　261

69 満足 (A) are pleased with

↓ 言い換えセンテンス 69

(178)

Our customers **couldn't be happier with** the **children's play area**.

➡ The customers **are pleased with** a **facility**.

訳 ▶ 私たちの顧客は子どもの遊び場に対して最高に喜んでいます。
　　➡ 顧客は施設に満足している。

1. **couldn't be happier with**（〜に対して最高に喜んでいる）が **be pleased with**（〜に満足している）に言い換えられています。「満足」を表す類義語による言い換えです。顧客アンケートや商品レビューで「満足 or 不満足」を問う問題は TOEIC で頻出です。また、〈couldn't ＋比較級〉の構文で内容が肯定か否定かを正しく理解できることが大切です。（詳しくは前ページの語注を参照）

2. また、**children's play area**（子どもの遊び場）が **facility**（施設）に言い換えられています。施設の方が意味が広いため上位語への言い換えとなります。

3. (B) は不満を抱くという意味なので、逆の内容になります。(C) は play、(D) は children を使った単語ひっかけで、内容が一致しません。

↑↓ 出るパラフレーズ「満足」

(179)

❶ 過去分詞：人が受ける感情を表す
　□ **satisfied**（人が）満足した　□ **pleased**（人が）喜んだ
　□ **delighted**（人が）とても喜んだ　□ **impressed**（人が）感動した
　　ex. **He was satisfied with the result.**　彼はその結果に満足した

❷ 現在分詞：人に与える感情を表す
　□ **satisfying / satisfactory**（人を）満足させるような、満足のいく
　□ **pleasing / pleasant**（人を）喜ばせるような、喜ばしい
　□ ~~**delighting**~~ **/ delightful**（人を）とても喜ばせるような、とても喜ばしい
　□ ~~**impressing**~~ **/ impressive**（人を）感動させるような、素晴らしい
　　ex. **The result was satisfying [satisfactory].**　その結果は満足のいくものだった

これらの表現は語法も押さえておきましょう。人が受ける感情は過去分詞（-ed 形）を使い、物／事の説明には現在分詞（-ing 形）を使います。

satisfying ≒ satisfactory、pleasing ≒ pleasant です。2通りの言い方があります。一方、delighting と impressing という形では使わないので、代わりに delightful と impressive を使います。

262　第2部　言い換えトレーニング

70 靴店（Brookfield）を取り上げた記事

本文の抜粋

Shoes are available in a variety of lengths and widths.

 言い換え

正解となる選択肢

The article highlights Brookfield's -------.

ヒント
- (A) long business hours
- (B) selection of sizes
- (C) affordable prices
- (D) proximity to the station

- □ **available** 形 利用できる
- □ **a variety of** 様々な〜
- □ **length** 名 長さ
- □ **width** 名 幅
- □ **highlight** 動 〜を強調する

- □ (A) **long business hours** 長い営業時間
- □ (B) **selection of sizes** サイズの品揃え
- □ (C) **affordable prices** お手頃な価格
- □ (D) **proximity to the station** 駅に近いこと

Unit 8：重要形容詞 / 副詞 / 構文 など 11問　263

70 様々な　(B) selection of sizes

言い換えセンテンス 70

Shoes are available in **a variety of lengths and widths**.
→ The article highlights Brookfield's **selection of sizes**.

訳 ▶ 靴は、様々な長さと幅のものがご購入可能です。
　　→ この記事は Brookfield の商品のサイズの品揃えを強調している。

1. **様々な**長さと幅の靴が利用可能とあるので、サイズの**品揃えが幅広い**ことがわかります。「様々な・幅広い」を意味する類義語の **a variety of** と (a) **selection of** が言い換えられています。これらは TOEIC 最頻出表現です。

2. また、**lengths and widths**（長さと幅）が **sizes**（サイズ）に言い換えられています。サイズには長さと幅だけでなく、高さや奥行きも含まれるため、より広い意味を持つ上位語への言い換えとなります。「大きさ」に関する言い換え表現は 61 番を参照。

3. (A) は営業時間、(C) は価格、(D) は立地、を述べる選択肢で、サイズの品揃えを説明するにはふさわしくありません。

出るパラフレーズ「様々な」

- □ a (wide/broad/diverse) **variety of**　様々な〜
- □ a (wide/broad/diverse) **range of**　様々な〜
- □ a (wide/broad/diverse) **selection of**　様々な〜
- □ a(n) (wide/broad/diverse) **assortment of**　様々な〜
- □ a(n) (wide/broad/diverse) **array of**　様々な〜
- □ **various**　様々な

 a variety of を始めとするこれらの表現は TOEIC に超頻出です。セットで使える形容詞（wide など）や後ろに可算名詞の場合は複数形を置くことなど、コロケーションや語法の観点でもしっかりインプットしておきましょう。

ex. **a <u>wide</u> selection of size<u>s</u>**　幅広いサイズの品揃え

71 Moorehead さんから Wyatt さんへのメール

―― 本文の抜粋 ――
Are the print edition and the online edition identical?

 言い換え

―― 正解となる選択肢 ――
Ms. Moorehead asks Mr. Wyatt whether two editions of a journal are -------.

ヒント
(A) available
(B) revised
(C) sequels
(D) the same

- **print edition** 紙版
- **online edition** 電子版
- **identical** 形 同一の
- **whether** 接 〜かどうか
- **journal** 名 雑誌

- (A) **available** 形 利用可能な
- (B) **revised** 形 改訂された
  - **a revised edition** 改訂版
- (C) **sequel** 名 続編
- (D) **same** 形 同じ

Unit 8：重要形容詞 / 副詞 / 構文 など 11 問　265

71 同じ・異なる (D) the same

↓ 言い換えセンテンス71

◀182

Are **the print edition and the online edition identical**?

→ Ms. Moorehead asks Mr. Wyatt whether **two editions** of a journal are **the same**.

訳 ▶ 紙版と電子版は同じものなんですか?
　　→ Moorehead さんは Wyatt さんに雑誌の2つの版は同じものなのかと尋ねている。

1. Moorehead さんは「紙版の本」と「電子版の本」という2つの版が**同じ**かどうかを尋ねています。「同じ」を意味する同義語(類義語)の **identical** と **the same** が言い換えられています。

2. また、**the print edition and the online edition** (紙版と電子版) が **two editions** (2つの版) に言い換えられています。具体的に挙げられた紙版と電子版という版を「2つの版」と抽象的に要約してまとめているので、文単位の言い換えと言えます。

3. (A)は本が2つの版で利用可能か、(B)は改訂されたか、(C)は続編であるか、を尋ねる文になり、文意に合いません。

↑↓ 出るパラフレーズ「同じ・異なる」

◀183

□ **the same / identical**　同じの

👦 same には the が付く点に注意。

□ **equal / equivalent / comparable**　同等の
□ **similar / alike**　似ている
□ **like**　〜のような[に]　□ **unlike**　〜と違って
□ **different / distinct**　異なった　□ **differ / vary**　異なる

👨 differ と vary は前置詞とのコロケーションも重要です。「〜と異なる」には from、「〜の点で異なる」には in、「〜によって異なる」には according to / depending on / from 〜 to 〜 を使います。

　ex. **He differs in opinion from her.**　彼は意見の点で彼女と異なる
　ex. **Her mood varies according to the weather.**　彼女の気分は天候によって異なる
　ex. **The prices vary from store to store.**　値段は店によって異なる

グルグル 1	/	2	/	3	/	4	/	5	/

266　第2部　言い換えトレーニング

72 商品の広告

― 本文の抜粋 ―

Everwhite towels are suitable for hotels where laundry is done several times a week.

 言い換え

― 正解となる選択肢 ―

Everwhite towels are most likely -------.

ヒント
(A) delicate
(B) discontinued
(C) durable
(D) not washable

- □ **suitable** 形 適した □ **be suitable for** ～に適した
- □ **laundry** 名 洗濯

- □ (A) **delicate** 形 (物が) 傷みやすい
- □ (B) **discontinued** 形 製造中止になった
- □ (C) **durable** 形 耐久性のある
- □ (D) **washable** 形 洗濯可能な

72 耐久性 (C) durable

言い換えセンテンス72　◀184

Everwhite towels are **suitable for hotels where laundry is done several times a week**.

➡ Everwhite towels are most likely **durable**.

訳▶Everwhite のタオルは、週に数回洗濯が行われるホテルに適しています。
➡ Everwhite のタオルはおそらく耐久性がある。

1. Everwhite のタオルは**週に数回洗濯が行われるホテルに適している (suitable for hotels where laundry is done several times a week)** とあるので、**耐久性がある (durable)** と推測できます。文の内容を要約してまとめる文単位の言い換えです。

2. durable「耐久性がある」は商品の特徴を述べる際に頻繁に登場する TOEIC 重要語です。どんな形で言い換えられても気付けるように、出るパラフレーズで言い換え表現を覚えておきましょう。

3. (A)は傷みやすい、(B)は製造中止になった、(D)は洗濯不可の、という意味で、耐久性があることを表すには不適切です。(D)は関連語の wash-resistant「洗濯に強い」であれば正解になります。

出るパラフレーズ「耐久性」　◀185

□ **durable** 耐久性がある　□ **durability** 耐久性
□ **sturdy / robust / substantial / solid** 頑丈な
□ **long-lasting** 長持ちする　□ **last long** 長持ちする
□ **withstand** 〜に耐える

👨 durable はTOEIC頻出単語です。affordable yet durable「お手頃価格だが耐久性もある」のような内容で商品説明でよく使われます。

🧑 dur- は「続く」という意味を持ちます。
ex. **during**「〜の間に」/ **for the duration of**「〜の間じゅう」

🧑 solid は多義語です。「固体の、頑丈な (durable)、確かな (reliable)」に加えて、「連続した (continuous)、中身の詰まった (full)、無垢の (pure)」などの意味もあります。

268　第2部　言い換えトレーニング

グル グル 1 / 2 / 3 / 4 / 5 /

73 商品の使い方マニュアル（Erlach さんは購入者）

本文の抜粋

Do not store the item in a damp place.

⬇ 言い換え

正解となる選択肢

Ms. Erlach is told to keep the item away from -------
areas.

ヒント   (A) secure
         (B) moist
         (C) dehydrated
         (D) working

□ **store** 動 ～を保管する
□ **damp** 形 湿った
□ **keep X away from Y** X を Y から遠ざける

□ (A) **secure** 形 安全な
□ (B) **moist** 形 湿った
□ (C) **dehydrated** 形 乾燥させた
□ (D) **working** 形 労働の

Unit 8：重要形容詞 / 副詞 / 構文 など 11 問   269

73 湿った・乾燥した （B）moist

↓ 言い換えセンテンス73

◀186

Do not store the item in a **damp place.**

➡ Ms. Erlach is told to **keep the item away from moist areas.**

訳▶商品を湿った場所に保管しないでください。
➡ Erlachさんは商品を湿った場所から遠ざけるように言われている。

1. 商品を**湿った場所（damp place）**に保管しないようにと指示があるので、商品を**湿った場所（moist areas）**から遠ざけるように求められていることがわかります。**damp**と**moist**、**place**と**area**がそれぞれ類義語によって言い換えられています。

2. また、**do not store the item in**（商品を〜に保管しない）が**keep the item away from**（商品を〜から遠ざける）に言い換えられています。文単位の言い換えです。notを使った「否定文」をkeep X away from Yという表現を使った「肯定文」で言い換えており、**「肯定⇆否定」の構文変換**が行われています。

3. (A)は安全な場所、(C)は乾燥した場所、(D)は働く場所となり、文意に合いません。(C) dehydratedは本文のmoistと逆の意味になります。

⇅ 出るパラフレーズ「湿った・乾燥した」

◀187

- □ **wet / damp / moist / watery** 湿った
- □ **dampen / moisten** 〜を湿らせる
- □ **wetland / swamp** 湿地 □ **moisture** 湿気、水分
- □ **dry** 乾燥した □ **dehydrated** 乾燥させた
- □ **drought** 干ばつ

今回の問題のように、否定の内容を否定語を使わずに言い換える場合があります。例えば、She was <u>not there</u>. と本文にあった時に、選択肢ではMs. Patel was <u>absent from the meeting</u>. と言い換えられたりします。肯定文と否定文で見た目が違っても内容は同じだと気付けるようにしましょう。

270 第2部 言い換えトレーニング

| 1 / | 2 / | 3 / | 4 / | 5 / |

74 Greenfield さんが会場の設営についてメールで考えを伝えている

本文の抜粋

I would like to use a panel to hide the thermostat.

⬇ 言い換え

正解となる選択肢

Ms. Greenfield wants a panel to ------- visitors from seeing a device.

ヒント   (A) prevent
         (B) help
         (C) make
         (D) allow

□ **hide** 動 ～を隠す
□ **thermostat** 名 温度自動調節器
□ **device** 名 機器

□ (A) **prevent** 動 ～を妨げる
    □ **prevent X from doing** Xが～することを妨げる
□ (B) **help** 動 ～を助ける
    □ **help X (to) do** Xが～することを助ける
□ (C) **make** 動 (ある状況) を作る
    □ **make X do** Xに～させる
□ (D) **allow** 動 ～を可能にする
    □ **allow X to do** Xが～することを可能にする

Unit 8：重要形容詞 / 副詞 / 構文 など 11問   271

74 Xが〜できないようにする (A) prevent

⬇ 言い換えセンテンス74

◀)188

I would like to use a panel to **hide** the **thermostat**.

➡ Ms. Greenfield wants a panel to **prevent visitors from seeing** a **device**.

訳▶ 温度自動調節器を隠すためにパネルを使いたいんですが。
➡ Greenfield さんは来場者に装置を見せないためにパネルを必要としている。

1. 温度自動調節器を隠す (hide) という内容を、機器を**訪問者が見るのを妨げる、訪問者が見れないようにする** (prevent visitors from seeing) と言い換えています。prevent X from doing は「Xが〜するのを妨げる、Xが〜できないようにする」という意味で、否定の内容を表す際に使われる重要構文です。

2. また、**thermostat (温度自動調節器)** が **device (機器)** に言い換えられています。device には thermostat だけでなく、コピー機やプロジェクターなど様々な機器が含まれるため、より広い意味を持つ上位語への言い換えとなります。

3. 他の選択肢は意味的にも語法的にも不適切です (前ページの語注参照)。動詞は後ろに続く形 (語法) も覚えていくと TOEIC のスコアアップにつながります。

⬆⬇ 出るパラフレーズ 「Xが〜できないようにする」

◀)189

□ **prevent [keep, stop] X from doing**　Xが〜するのを妨げる
□ **prohibit [ban, forbid] X from doing**　Xが〜するのを禁止する
□ **discourage [dissuade] X from doing**　Xが〜するのを思いとどまらせる

😀 この構文では「禁止・妨害」を表す前置詞 from を使います。from は「〜から離れる」というイメージなので、「Xを〜することから引き離す ➡ Xが〜できない状態にする」という成り立ちで覚えておきましょう。

　ex. **The heavy rain prevented us from going out.**
　　= **Because of the heavy rain, we couldn't go out.**
　　大雨のせいで、私たちは外出できなかった

😀 これらの構文を使えば、否定語を使わずに「〜できない」という否定の意味を表すことができます。否定を表す構文として覚えておきましょう。

272　第2部　言い換えトレーニング

| 1 / | 2 / | 3 / | 4 / | 5 / |

75 アンケート結果を報告している

本文の抜粋

The vast majority of guests opted not to respond.

⬇ 言い換え

正解となる選択肢

Most guests ------- to take the survey.

ヒント   (A) chose
        (B) refrained
        (C) declined
        (D) expected

□ **vast** 形 大きな
□ **majority** 名 大部分　□ **the majority of** 〜の大部分
□ **opt to do** 〜することを選ぶ
□ **respond** 動 回答する
□ **take a survey** アンケートに答える

□ (A) **choose** 動 〜を選ぶ
　　□ **choose to do** 〜することを選ぶ
□ (B) **refrain** 動 差し控える
　　□ **refrain from doing** 〜することを差し控える
□ (C) **decline** 動 〜を断る
　　□ **decline to do** 〜することを断る
□ (D) **expect** 動 〜を予期する
　　□ **expect to do** 〜することを予期する

Unit 8：重要形容詞 / 副詞 / 構文 など 11問　273

75 〜しない (C) declined

↓ 言い換えセンテンス75

🔊190

The vast majority of guests **opted not to respond**.

➡ **Most** guests **declined** to take the survey.

訳 ▶ 宿泊客の大部分が回答しないことを選択しました。
　　➡ ほとんどの宿泊客がアンケートに答えることを断った。

1. アンケートの回答をしないことを選ぶ (**opt not to do**) という内容を、アンケートの回答を**することを断る** (**decline to do**) と言い換えています。どちらも「〜しない」という否定の内容ですが、前者はnotを使っているのに対し、後者はnotを使わずdeclineという表現で否定の内容を表しています。**「肯定⇆否定」の構文変換**を使った言い換えが行われています。

2. また、**respond** (回答する) が **take the survey** (アンケートに答える) に、**the vast majority of** (〜の大部分) が **most** (ほとんどの) に言い換えられています。類義語による言い換えです。

3. (A) と (D) は意味の観点、(B) は語法の観点で不適切です (前ページの語注参照)。

↑↓ 出るパラフレーズ「〜しない」

🔊191

□ **refuse** [**decline**] **to do**　〜することを断る
□ **fail to do**　〜することができない、〜し損なう
□ **avoid doing**　〜することを避ける
□ **refrain** [**keep**] **from doing**　〜することを差し控える

🧑 これらの表現は意味は似ていますが、語法が異なります。意識的にto do / doing / from doing が続くとインプットすることが大切です。

🧑 不定詞 (to do) は「プラス思考」、動名詞 (doing) は「マイナス思考」のイメージを持ちます。例えば、hope to do「〜することを望む」はプラス思考、avoid doing「〜することを避ける」はマイナス思考ですね。ただし、refuse, decline, fail はマイナス思考にもかかわらず、不定詞を目的語に取ります。語法が特に要注意の表現です。

274　第2部　言い換えトレーニング

76 フェリーの乗客への指示

本文の抜粋

Once on board, prepare to show your ID card.

⬇ 言い換え

正解となる選択肢

The passengers must be ready to present their identification ------- boarding the ferry.

ヒント
(A) as soon as
(B) upon
(C) prior to
(D) in order to

□ **once** 接 〜するとすぐに
　※Onceの後ろにはyou areが省略されていると考えられる。
　　Once (you are) on board「あなたが乗船するとすぐに」
□ **on board** 乗船して
□ **prepare to do** 〜する準備をする
□ **show** 動 〜を見せる
□ **passenger** 名 乗客
□ **be ready to do** 〜する準備ができている
□ **present** 動 〜を提示する
□ **identification** 名 身分証（略語はID）
□ **board** 動 〜に乗り込む

□ (A) **as soon as** 接 〜するとすぐに
□ (B) **upon** 前 〜するとすぐに
□ (C) **prior to** 前 〜の前に
□ (D) **in order to do** 〜するために

Unit 8：重要形容詞 / 副詞 / 構文 など 11問　　275

76 〜するとすぐに (B) upon

言い換えセンテンス76

Once on board, prepare to **show** your **ID card**.
→ The passengers must be ready to **present** their **identification upon boarding the ferry**.

訳 ▶ 乗船したらすぐに、IDカード提示のご用意をお願いします。
　　→ 乗客はフェリー乗船後すぐに身分証を提示する準備をしなければならない。

1. **once**（〜するとすぐに）が **upon**（〜するとすぐに）に言い換えられています。類義語の言い換えです。ただし、onceは接続詞、uponは前置詞で品詞は異なります。「〜するとすぐに」という意味の表現は接続詞、前置詞、特殊構文など様々あり、言い換えを見抜く際に構文の理解もあわせて確認する必要があります。

2. また、**on board**（乗船して）が **board the ferry**（フェリーに乗船する）に、**show**（〜を見せる）が **present**（〜を提示する）に、**ID card**（IDカード）が **identification**（身分証）に言い換えられています。IDは identification の略語です。

3. (A)は接続詞なので節（SV）が続き、as soon as they board the ferry となります。as soon as doing という形では用いません。(C)は乗船前となり、身分証を提示するタイミングが本文と異なります。(D)は後ろに動詞の原形が続くので文法的に合いません。

出るパラフレーズ「〜するとすぐに」

「彼は私を見るとすぐに逃げ去った」
☐ ①接続詞＋SV　　　　　As soon as [Once] he saw me, he ran away.
☐ ②前置詞＋名詞/doing　Upon seeing me, he ran away.
☐ ③特殊構文
　　No sooner had he seen me **than** he ran away.
　　Hardly [Scarcely] had he seen me **when [before]** he ran away.

③は難構文ですが、公開テストのPart 5で問われたことがあります。No sooner / Hardly / Scarcely の後ろには倒置文（疑問文の語順）が続くことを覚えておきましょう。

関連表現の soon after / shortly after / immediately after / right after「〜のすぐ後に」も重要です。前置詞/接続詞のafterの前に副詞のsoon, shortly, immediately, rightがついた表現です。同じ意味のimmediately following という表現も公開テストで問われたことがあります。

77 プロジェクトについて紹介する記事

本文の抜粋

Karen Roberson initially objected to the project but endorsed it last year.

↓ 言い換え

正解となる選択肢

Ms. Roberson ------- her opinion.

ヒント　(A) avoided giving
　　　　(B) changed
　　　　(C) stuck to
　　　　(D) exchanged

□ **initially** 　副 　最初は
□ **object to** 　～に反対する
□ **endorse** 　動 　～を支持する、是認する

□ (A) **avoid doing** 　動 　～することを避ける
　　□ **avoid giving one's opinion** 　自分の意見を述べることを避ける
□ (B) **change** 　動 　～を変更する
　　□ **change one's opinion** 　自分の意見を変える
□ (C) **stick to** 　動 　（考えなど）に固執する 　※活用：stick - stuck - stuck
　　□ **stick to one's opinion** 　自分の考えに固執する
□ (D) **exchange** 　動 　～を交換する
　　□ **exchange opinions** 　意見交換をする

Unit 8：重要形容詞 / 副詞 / 構文 など 11 問　　277

77 現在と過去の対比 / 対比・逆接を表す主な表現　(B) changed

言い換えセンテンス 77

Karen Roberson **initially** objected to the project **but** endorsed it **last year**.

→ Ms. Roberson **changed** her opinion.

訳▶ Karen Roberson さんは最初は計画に反対していたが、昨年是認した。
→ Roberson さんは自分の意見を変えた。

1. 計画に対して**最初は (initially)** 反対していた**が (but)**、**昨年 (last year)** 是認したとあるので、Roberson さんは**意見を変えた (changed her opinion)** ことがわかります。「**現在と過去の対比**」に関する文単位の言い換えです。

2. initially は「現在と過去の対比」でよく使われます。initially を見た瞬間に but が来るかもと予測しながら読むようにしましょう。

3. (A)は自分の意見を述べなかった、(C)は自分の考えに固執した (=変えなかった) という意味になり本文と矛盾します。(D)は誰かと意見交換をしたという意味で、自分の意見を変えたという意味でないので注意しましょう。

出るパラフレーズ「現在と過去の対比」

- **Initially [Originally, At first], ～ , but now…**　最初は～だったが、今は…
- **In the past, ～ , but now…**　かつては～だったが、今は…
- **S used to do, but now…**　S はかつては～だったが、今は…

現在と過去の対比を表す表現から、元々の意見や予定が変わったことを読み取れるようにしておきましょう。

【番外編】対比・逆接を表す主な表現

- 前置詞　　　：**despite, in spite of**　　□ 等位接続詞：**but, yet**
- 従属接続詞：**while, whereas, although, (even) though**
- 副詞　　　　：① **however, nevertheless, nonetheless, regardless**
　　　　　　　② **though, still, conversely, meanwhile, even so**
　　　　　　　③ **on the other hand, in [by] contrast, in [by] comparison**
　　　　　　　④ **having said that, (with) that (being) said**

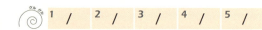

Unit 8：確認問題

(1)～(10)の言い換えとなる表現を①～⑩から選びなさい。各選択肢は一度しか使えません。なお、言い換えとなる表現には同義語だけでなく、上位語や関連語なども含みます。また、品詞が異なる場合もあります。

(1)	**refuse**
(2)	**delighted**
(3)	**as soon as**
(4)	**competitive**
(5)	**a wide variety of**
(6)	**periodically**
(7)	**comparable**
(8)	**sturdy**
(9)	**damp**
(10)	**originally**

① **durable**	② **equivalent**
③ **initially**	④ **decline**
⑤ **shortly after**	⑥ **pleased**
⑦ **moist**	⑧ **on a regular basis**
⑨ **affordably priced**	⑩ **a diverse range of**

Unit 8：重要形容詞 / 副詞 / 構文 など 11 問　　279

解答

(1)	**refuse (to do)** (〜すること) を断る	➡	④	**decline (to do)** (〜すること) を断る
(2)	**delighted** (人が) とても喜んだ	➡	⑥	**pleased** (人が) 喜んだ
(3)	**as soon as** 〜するとすぐに	➡	⑤	**shortly after** 〜のすぐ後に
(4)	**competitive** (値段が) 他に負けない	➡	⑨	**affordably priced** 手頃な値段の
(5)	**a wide variety of** 様々な〜	➡	⑩	**a diverse range of** 様々な〜
(6)	**periodically** 定期的に	➡	⑧	**on a regular basis** 定期的に
(7)	**comparable** 同等の	➡	②	**equivalent** 同等の
(8)	**sturdy** 頑丈な	➡	①	**durable** 耐久性がある
(9)	**damp** 湿った	➡	⑦	**moist** 湿った
(10)	**originally** 最初は	➡	③	**initially** 最初は

第3部
飛躍するトレーニング

1. 言い換えセンテンス77

1
Our Web site **is experiencing technical difficulties**.
→ Rasmussen Flooring's Web site **is not** <u>working</u> properly.

2
If you encounter a **malfunction**, please click <u>here</u> to contact us.
→ Ms. Travers should contact Linden Company to report a <u>problem</u>.

3
① Thank you for your comments.
② We are very **sorry** for the inconvenience.
③ Please accept this 20% **discount** on your next purchase.
→ The purpose of the e-mail is to <u>address</u> a <u>complaint</u>.

4
The ceiling has developed a **water leak**.
→ The type of problem Mr. Jarvis mentions is related to <u>plumbing</u>.

5
Work on the project remained **suspended** because **the budget was not approved**.
→ **A lack of funding** caused the <u>delay</u>.

6
During this event, **road congestion** may occur **due to** the high volume of visitors.
→ There could be an <u>increase in traffic</u> <u>because of</u> the Littlefield Festival.

7
I **couldn't find** the **Insert Image icon** on my computer.
→ Ms. Kyle <u>had trouble accessing</u> a **software function**.

8
We **honor** our **competitors' coupons**.
→ Central Stationery **accepts** <u>vouchers</u> from **other businesses**.

9
This is a special sale to **commemorate** our **25th year**.
→ The purpose of the sale is to **celebrate** an <u>anniversary</u>.

10
Proceeds will go to a local charity.
→ The purpose of the event is to **raise funds** for a local charity.

当社のウェブサイトにおいて技術的な問題が起こっています。
➡ Rasmussen Flooring 社のウェブサイトは正常に動いていない。

不具合が見つかった場合は、ここをクリックして私どもにご連絡ください。
➡ Travers さんは問題を報告するために Linden Company 社に連絡を取らなければならない。

①コメントありがとうございます。
②ご不便をおかけして大変申し訳ありません。
③この20％の割引を次回の購入のために受け取ってください。
➡ メールの目的はクレームに対応することである。

天井が水漏れを起こしてしまいました。
➡ Jarvis さんが話題に出している困りごとの種類は配管に関するものである。

そのプロジェクトの作業は予算が承認されないために中断されたままでした。
➡ 資金不足が遅れを引き起こした。

このイベントの開催中は、多数の来場者のため、道路の混雑が起こる可能性があります。
➡ Littlefield Festival が原因で交通量の増加が起こる可能性がある。

パソコン上の画像挿入アイコンを見つけることができませんでした。
➡ Kyle さんはソフトウェア機能へのアクセスに苦労した。

私どもは競合他店のクーポン券を受け付けます。
➡ Central Stationery 店は他の店のクーポン券を受け付ける。

今回は私どもの25周年を記念した特別セールです。
➡ セールの目的は記念の年を祝うことである。

収益は地元の慈善団体に寄付される予定です。
➡ このイベントの目的は地元の慈善団体のために資金集めをすることである。

言い換えセンテンス 77　　283

11

Blackberry Farms Festival is an **annual** event where residents can enjoy local foods.
➡ Blackberry Farms Festival is an event that is held **every year**.

12

Topic for October: Social Media Marketing
➡ The webinar's topic **most likely changes every month**.

13

① We will make some changes to the monthly managers' meeting at our **head office**. （中略）
② Holding a teleconference will save you a trip to **New York**.
➡ Blade Company **is** most likely **based in New York**.

14

As a valued customer, you have been chosen to receive a gift certificate.
➡ Mr. Johnson **has used the store services before**.

15

Following the success of last year's **inaugural** event, the Peterson Fair **is coming back** to Weston Park.
➡ The Peterson Fair is a **relatively new** event.

16

Investors will **line up** for Raley Company stock.
➡ Ms. Zambrano suggests that the Raley Company is **attractive** to investors.

17

Attendance at the training session is **mandatory** for everyone.
➡ All staff **need to** attend the training session.

18

Visit our convenient location in the heart of Garfield Heights, **close to** popular **restaurants**.
➡ The **proximity to dining establishments** is mentioned in relation to the Greenbridge Hotel.

19

HealthiChoiz Foods **was acquired by** Jameson Equity Ltd. **last week**.
➡ Jameson Equity Ltd. **recently bought** another company.

20

U.S. food giant Davidson Farms has released a statement announcing the establishment of a **joint venture** with Orchard Central.
➡ The purpose of the article is to report on a **business partnership**.

Blackberry Farms Festivalは、住民が地元の食べ物を楽しめる年に1回のイベントです。
➡ Blackberry Farms Festivalは毎年開催されるイベントです。

10月のトピック：SNSでのマーケティング
➡ このウェビナーのトピックはおそらく毎月変更される。

①本社で開催される月例の部長会議にいくつか変更を加える予定です。（中略）
②テレビ会議を使用することで、ニューヨークへの移動が不要になります。
➡ Blade社はおそらくニューヨークを拠点にしている。

大切な顧客として、お客様はギフト券を受け取る人に選ばれました。
➡ Johnsonさんはかつてお店のサービスを利用したことがある。

昨年の第1回イベントの成功の後、PetersonフェアがWeston公園に帰ってきます。
➡ Petersonフェアは比較的新しいイベントである。

投資家たちはRaley Companyの株を求めて行列を作るだろう。
➡ ZambranoさんはRaley Companyが投資家たちにとって魅力的だと示唆している。

研修会への出席が全員に義務付けられています。
➡ 全部署の社員がその研修会に出席する必要がある。

人気のレストランに近いGarfield Heights中心部に位置する私たちの便利な立地に訪れてください。
➡ 食事施設に近いことがGreenbridgeホテルについて述べられている。

HealthiChoiz Foods社はJameson Equity社に先週買収された。
➡ Jameson Equity社は最近他の会社を買収した。

アメリカの食品大手Davidson Farms社が声明を出し、Orchard Central社との共同事業の設立を発表した。
➡ この記事の目的は業務提携について述べることである。

言い換えセンテンス77　　285

21

Present this ad at our **main store** and receive a discount.
➡ Haines Hardware most likely has **multiple locations**.

22

You can send your **résumé** to us via our Web site for review.
➡ The Lewis Training Center can help individuals who are **seeking a job** through its Web site.

23

I am writing this letter **as a reference for Jon Ramsey**.
➡ The purpose of the letter is to **express a positive opinion about an employee**.

24

Please select some designs from your **portfolio** and **bring** them with you.
➡ Ms. Janssen is asked to **submit** some **work samples**.

25

Please **contact Human Resources** for assistance.
➡ Ms. Patel should **reach out to** the **personnel department**.

26

I **worked in** arts **administration** for five years.
➡ Ms. Clyde **has experience in** arts **management**.

27

Anyone interested in applying for this position is encouraged to contact me.
➡ Partridge, Inc., plans to **hire internally**.

28

I've been trying to find **someone to cover my shift**.
➡ The speakers are mainly talking about finding a **substitute**.

29

Having **founded** the company thirty years ago, I was reluctant to **hand** it **over** to just anyone.
➡ Ms. Maruyama was most likely involved in selecting her **successor**.

30

You will **become eligible for** a **promotion** in two years.
➡ Ms. Carver will **be entitled to** a **career advancement** in two years.

286　第3部　飛躍するトレーニング

私たちの本店でこの広告を提示し、割引を受け取ってください。
➡ Haines Hardware店はおそらく複数の店舗がある。

ウェブサイト経由で私たちに履歴書を送っていただければチェックいたします。
➡ The Lewis Training Centerは自社のウェブサイトで職探しをしている人たちの手伝いをする予定だ。

私はこの手紙をJon Ramseyさんのための推薦状として書いています。
➡ この手紙の目的は社員について肯定的な意見を述べることである。

あなたの作品集の中からデザインを選んで持ってきてください。
➡ Janssenさんは作品見本を提出するように求められている。

助けが必要であれば人事部に連絡してください。
➡ Patelさんは人事部に連絡する必要がある。

私は芸術経営の分野で5年間働きました。
➡ Clydeさんは芸術経営の経験がある。

この職に応募することに興味がある人は誰でも私に連絡してください。
➡ Partridge社は社内採用を行う予定である。

私のシフトに代わりに入ってくれる人を探しているところです。
➡ 話者たちは主に代わりの人を見つけることについて話している。

30年前に私が設立した会社を単純に誰かに任せるのは気が進まなかったんです。
➡ Maruyamaさんはおそらく彼女の後継者の選定に関わった。

あなたは2年後に、昇進の資格を得ます。
➡ Carverさんは2年後に昇進の資格を得る。

言い換えセンテンス77　287

31

Can you recommend a good **real estate agent** in town?
➡ Mr. Kumamoto is looking for a **property**.

32

We have been **serving our local community for four generations**.
➡ Jameson Cartridges has **been in business for a long time**.

33

If you are considering **working from home**, this article is a great place to start.
➡ The purpose of the article is to provide information about **working remotely**.

34

M: I'll need the pamphlets this afternoon because I'll be attending a conference.
W: OK. I'll **get them ready right away**.
➡ The woman says she will **expedite a service**.

35

Visit our Web site to **complete a questionnaire**.
➡ Ms. Norbert is asked to **access** the Web site to **take a survey**.

36

As of December 1, to **strengthen security**, any **information relating to customers** will **not be shared without approval** from a manager.
➡ Alcott Industries has **updated** its **confidentiality** policy.

37

The Marry Waters Foundation **offers grant opportunities** to non-profit organizations and educational institutions.
➡ The Marry Waters Foundation **provides financial assistance**.

38

① Total: $148.99　② **Deposit**: $49.00　③ **Balance due**: $99.99
➡ Mr. Ulrich made a **partial payment**.

39

If you enter the wrong password three times, you will not be able to make any **withdrawals** for the rest of the day.
➡ Broadbent is most likely a **financial** institution.

40

Attached is your tailored **itinerary**, based on your requests.
➡ Ms. Morgan is most likely a **travel agent**.

288　第3部　飛躍するトレーニング

町でいい不動産業者のおすすめはありますか？
➡ Kumamoto さんは物件を探している。

私どもは4世代にわたって地元地域に尽くしてきました。
➡ Jameson Cartridges 社は長期間にわたって営業している。

もし在宅勤務することを考えているなら、この記事から始めるのがとてもよいです。
➡ この記事の目的はリモートワークについての情報を提供することである。

M：会議に出るので、午後にそのパンフレットが要るんです。
W：わかりました。すぐにそれらを仕上げます。
➡ 女性はサービスを急ぐと言っている。

アンケートを記入するためには、ウェブサイトにアクセスしてください。
➡ Norbert さんはアンケートに答えるためにウェブサイトにアクセスすることを求められている。

12月1日付けで、安全性を強化するため、顧客関連のどのような情報も管理者の許可なしでは共有できなくなります。
➡ Alcott Industries 社は機密保持方針を更新した。

Marry Waters 財団は非営利団体や教育機関に助成金の機会を提供しています。
➡ Marry Waters 財団は財政的支援を与えている。

①合計金額：148.99ドル　②頭金：49.00ドル　③差引請求額：99.99ドル
➡ Ulrich さんは代金の一部を支払った。

お客様が間違ったパスワードを3回入力した場合は、終日引き出しができません。
➡ Broadbent 社はおそらく金融機関である。

お客様の要望を元にお客様専用として作成した旅程表を添付しています。
➡ Morgan さんはおそらく旅行会社の社員である。

言い換えセンテンス 77　　289

41

The Future of Online Marketing by Cliff Wiseman, **Professor** at Stateridge **University**

➡ Mr. Wiseman belongs to an **educational** **institution**.

42

Having been recently **elected mayor**, I'm honored to have the opportunity to deliver a speech here today.

➡ The speaker is most likely a **politician**.

43

We have sent the **blueprint** to the client.

➡ The speakers are most likely **architects**.

44

We are requesting supplies of your **stationery** for our Broward City office.

➡ The letter is most likely intended for an **office supply** store.

45

Due to the shipping delay, the **coffee makers for our sale** haven't arrived yet.

➡ The speakers most likely work at a **kitchen appliance store**.

46

As a member of the press, I'm honored to have the opportunity to **interview you** and **cover this event**.

➡ Ms. Nicholson is most likely a **journalist**.

47

As **you travel around the world on business**, one of **your customers** may place an order.

➡ Ms. Baxter is most likely an **international sales** associate.

48

Enclosed is a **debit card** that can be used at any Rogers Bank ATM.

➡ The new **bank card** is **included** with the letter.

49

We will **go over** the **timing** of the workshops next week.

➡ A **schedule** will be **discussed** next week.

50

Please make the text **shorter**.

➡ Ms. Samuels **is asked to make a revision**.

290　第3部　飛躍するトレーニング

『オンライン・マーケティングの未来』Cliff Wiseman（Stateridge 大学教授）
➡ Wiseman さんは教育機関に所属している。

先ごろ市長に選ばれた後、今日ここで話をする機会を与えられたことを光栄に思います。
➡ 話者はおそらく政治家である。

顧客に青写真を送りました。
➡ 話者たちはおそらく建築家である。

私どもの Broward 市支店への文具供給を貴店に求めます。
➡ この手紙はおそらく事務用品店に宛てて書かれている。

発送の遅れが原因で、私たちのセール用のコーヒーメーカーがまだ届いていません。
➡ 話者たちはおそらく台所用家電店で働いている。

報道関係者として、あなたにインタビューし、このイベントを取材する機会をいただき、大変光栄に思います。
➡ Nicholson さんはおそらくジャーナリストである。

あなたが出張で世界中を旅している間に、あなたの顧客は注文を入れるかもしれません。
➡ Baxter さんはおそらく海外営業の販売員である。

同封されているのはデビットカードで、Rogers Bank の ATM ならどこでも使用できます。
➡ 手紙には新しいキャッシュカードが同封されている。

私どもは来週、研修の時期について検討する予定です。
➡ 日程が来週話し合われる予定である。

文章を今より短くしてください。
➡ Samuels さんは修正するように求められている。

51

At Mag Cleaning, we **hem pants** as well as **jackets**.
➡ Mag Cleaning hires people who can **alter** **clothes**.

52

The **newsletter** will feature a short article **acknowledging** your contributions to the local community.
➡ **Gratitude to** Ms. Wieders will be **expressed** in a **publication**.

53

Frederick City Council will **present** a **seminar series on advertising**.
➡ Frederick City Council will **organize** an **event**.

54

By **joining** the tour, you can appreciate the rich talent of local artists and even **purchase** some artwork.
➡ Tour **participants** can **buy** artwork.

55

To **sign up for** the event, **staff** members need to contact Maggie Morgan in the personnel department.
➡ **Employees** must contact Ms. Morgan to **register for** an event.

56

With a recently **modernized** kitchen, this three-bedroom house on Elm Avenue is a good buy.
➡ The three-bedroom house on Elm Avenue has most likely been **renovated**.

57

The **candle shop** on Main Street is **quite small**.
➡ The problem is that a **business cannot accommodate** much **foot traffic**.

58

Mr. Granger believes that expanding **the current building** is **more practical**.
➡ Mr. Granger probably **disagrees with** a proposal to build **a new facility**.

59

We **need to secure accommodations** for our upcoming trip.
➡ The employees **have to book** their **lodging**.

60

Please wear your **safety glasses** and **helmets** when you enter the worksite.
➡ The speaker asks the listeners to wear their **protective gear**.

292　第3部　飛躍するトレーニング

私ども Mag Cleaning 店は上着だけでなくズボンの裾直しをします。
➡ Mag Cleaning は服を仕立て直すことができる人を雇っている。

会報ではあなたの地域社会に対する貢献に感謝の念を示す小さな記事を特集します。
➡ Wieders さんへの感謝の言葉が出版物の中で述べられる。

Frederick 市協議会は広告に関する連続セミナーを開催いたします。
➡ Frederick 市協議会はイベントを企画している。

ツアーにご参加いただくと、地元の芸術家たちの豊かな才能を楽しむことができ、また芸術作品を購入することもできます。
➡ ツアーの参加者は芸術作品を購入できる。

イベントに登録するためには、社員はまず人事部の Maggie Morgan に連絡しないといけません。
➡ 社員はイベントに登録するために Morgan さんに連絡を取らなければならない。

最近最新式になった台所付きですので、Elm 通りにあるこの寝室3部屋の物件はよい買い物です。
➡ Elm 通りにある寝室3部屋の物件はおそらく改装済みである。

メイン通りのキャンドルショップはとても小さいです。
➡ 問題は店があまり多くの人の往来を受け入れられないことである。

現在の建物を拡張するのがより現実的だと Granger さんは信じている。
➡ Granger さんはおそらく新しい施設を建てる案に反対している。

今度の出張のために宿泊施設を確保する必要があります。
➡ 社員は宿泊施設を予約しなければならない。

作業現場に入る際は防護メガネとヘルメットをつけてください。
➡ 話者は聞き手に防具を身につけるように頼んでいる。

言い換えセンテンス 77　　293

61

Let me know the **height and width** of the **couch**.
➡ Ms. Thatcher is asked to provide information about the **dimensions** of a **sofa**.

62

I got a nice **watercolor painting** to **decorate my room with**.
➡ Ms. Fulmer will most likely **hang** an **artwork**.

63

Please **mention** this **ad** for **10% off** your next purchase.
➡ Customers should **refer to** the **advertisement** to receive a **discount**.

64

Visit our Web site to read **testimonials** from **shop owners**.
➡ Ms. Yates should visit Lion Technologies' Web site to read **quotes** from **businesspeople**.

65

Be wary of any **brochure not affiliated with us**.
➡ Mr. Barrett recommends **caution** against **unauthorized publications**.

66

We have used the same recipe for **over a century**.
➡ The recipe is **more than 100 years old**.

67

Flip the mattress **two or three times a month**.
➡ Users should **turn over** their mattress **periodically**.

68

Customers appreciate our commitment to **providing budget-friendly cuisine**.
➡ Dan's Steakhouse most likely **serves affordable** dishes.

69

Our customers **couldn't be happier with** the **children's play area**.
➡ The customers **are pleased with** a **facility**.

70

Shoes are available in **a variety of lengths and widths**.
➡ The article highlights Brookfield's **selection of sizes**.

長いすの高さと幅を教えてください。
➡ Thatcherさんはソファの寸法についての情報を提供するように依頼されている。

私の部屋を飾るのによい水彩画を入手しました。
➡ Fulmerさんはおそらく芸術作品を掛ける。

次の購入で10%の割引を受けるためには、この広告を見たとお伝えください。
➡ 顧客たちは割引を受けるためにこの広告について言及しなければならない。

店のオーナーから寄せられたお客様の声を読むために私どものサイトを訪れてください。
➡ Yatesさんは実業家からの引用文を読むためにLion Technologies社のサイトを訪れるべきである。

私どもとは無関係のいかなるパンフレットにもご注意ください。
➡ Barrettさんは非公認の出版物に注意することを勧めている。

私どもは1世紀以上の間、同じレシピを使い続けています。
➡ レシピは100年以上前からある。

マットレスを月に2、3回裏返してください。
➡ 使用者は定期的にマットレスを裏返さなくてはならない。

お客様は我々の予算に優しい料理を提供することに対する献心を理解してくれています。
➡ Dan's Steakhouseはおそらく手頃な値段の料理を提供している。

私たちの顧客は子どもの遊び場に対して最高に喜んでいます。
➡ 顧客は施設に満足している。

靴は、様々な長さと幅のものがご購入可能です。
➡ この記事はBrookfieldの商品のサイズの品揃えを強調している。

言い換えセンテンス77　295

71

Are **the print edition and the online edition identical**?
➡ Ms. Moorehead asks Mr. Wyatt whether **two editions** of a journal are **the same**.

72

Everwhite towels are **suitable for hotels where laundry is done several times a week**.
➡ Everwhite towels are most likely **durable**.

73

Do not store the item in a **damp place**.
➡ Ms. Erlach is told to **keep the item away from moist areas**.

74

I would like to use a panel to **hide** the **thermostat**.
➡ Ms. Greenfield wants a panel to **prevent visitors from seeing** a **device**.

75

The vast majority of guests **opted not to respond**.
➡ **Most** guests **declined** to take the survey.

76

Once on board, prepare to **show** your **ID card**.
➡ The passengers must be ready to **present** their **identification upon** boarding the ferry.

77

Karen Roberson **initially** objected to the project **but** endorsed it **last year**.
➡ Ms. Roberson **changed** her opinion.

296　第3部　飛躍するトレーニング

紙版と電子版は同じものなんですか？
➡ Moorehead さんは Wyatt さんに雑誌の2つの版は同じものなのかと尋ねている。

Everwhite のタオルは、週に数回洗濯が行われるホテルに適しています。
➡ Everwhite のタオルはおそらく耐久性がある。

商品を湿った場所に保管しないでください。
➡ Erlach さんは商品を湿った場所から遠ざけるように言われている。

温度自動調節器を隠すためにパネルを使いたいんですが。
➡ Greenfield さんは来場者に装置を見せないためにパネルを必要としている。

宿泊客の大部分が回答しないことを選択しました。
➡ ほとんどの宿泊客がアンケートに答えることを断った。

乗船したらすぐに、ID カード提示のご用意をお願いします。
➡ 乗客はフェリー乗船後すぐに身分証を提示する準備をしなければならない。

Karen Roberson さんは最初は計画に反対していたが、昨年是認した。
➡ Roberson さんは自分の意見を変えた。

2. とっておきのもりてつファイル
頻出言い換え330

● 動詞：86語

出る度A：38語　　　　　　　　　　　　　　　204

1	雇う	□ hire　□ employ　□ recruit
2	送る	□ send　□ forward　□ ship　□ dispatch
3	満たす	□ suit　□ meet　□ fulfill　□ satisfy　□ accommodate　□ cater to
4	保証する	□ guarantee　□ assure　□ ensure　□ promise
5	停止する	□ discontinue　□ stop　□ terminate　□ halt　□ suspend
6	経験する	□ undergo　□ experience
7	認める	□ recognize　□ acknowledge
8	賞賛する	□ hail　□ praise　□ compliment　□ commend　□ applaud　□ acclaim
9	終える	□ complete　□ finish
10	終わる	□ expire　□ end　□ finish　□ conclude
11	設立する	□ establish　□ found　□ set up
12	払い戻す	□ reimburse　□ refund　□ return
13	選ぶ	□ choose　□ select　□ go with　□ opt for　□ pick out
14	提供する	□ provide　□ offer　□ extend
15	証明する	□ verify　□ prove
16	展示する	□ exhibit　□ display　□ show
17	失くす	□ misplace　□ lose
18	求める	□ solicit　□ ask for
19	高める	□ enhance　□ improve　□ increase
20	減らす	□ reduce　□ lessen　□ decrease　□ lower　□ cut down

298　第3部　飛躍するトレーニング

21	資格を与える	□ entitle □ qualify □ authorize
22	まとめる	□ organize □ arrange □ coordinate □ order □ sort
23	気軽に〜する	□ feel free to do □ do not hesitate to do
24	実行する	□ implement □ carry out □ perform □ conduct □ put into practice [action, operation] □ execute
25	組み立てる	□ assemble □ put together □ organize
26	集める	□ assemble □ get together □ gather □ accumulate □ collect
27	想定する	□ assume □ suppose
28	評価する	□ evaluate □ assess □ appraise □ review □ rate
29	宣伝する	□ advertise □ promote □ publicize
30	再開する	□ start again □ restart □ resume □ reopen
31	順守する	□ follow □ obey □ observe □ comply with □ conform to [with] □ adhere to □ abide by
32	保護する	□ conserve □ preserve
33	制限する	□ limit □ restrict
34	適用される	□ cover □ apply to
35	買う	□ buy □ purchase
36	予測する	□ expect □ predict □ anticipate □ forecast □ project
37	辞める	□ retire □ resign □ quit □ leave □ depart
38	知らせる	□ inform □ notify □ announce □ let 人 know

出る度 B：33語　◀205

1	含む	□ contain □ include
2	伴う	□ involve □ include □ require □ entail
3	含める	□ count □ include

とっておきのもりてつファイル 頻出言い換え 330　299

4	取っておく	□ allow □ set aside
5	許可する	□ allow □ permit
6	割り当てる	□ allocate □ assign □ allot
7	調べる	□ check □ investigate □ look into □ inspect □ examine □ go over
8	監視する	□ monitor □ watch □ keep track of
9	記録する	□ record □ keep track of
10	続く	□ last □ continue □ persist
11	続ける	□ pick up □ continue
12	書く	□ write □ draft
13	発言する	□ remark □ comment □ mention □ note
14	主張する	□ state □ announce □ maintain □ assert □ claim □ argue □ insist
15	述べる	□ specify □ describe □ state
16	任命する	□ appoint □ nominate □ name □ choose □ designate □ delegate
17	超える	□ exceed □ go beyond
18	競争する	□ contend □ compete
19	長引く	□ extend □ prolong
20	育てる	□ raise □ bring up
21	反映する	□ reflect □ show
22	考える	□ think about □ consider □ reflect on □ ponder □ deliberate
23	回収する	□ retrieve □ recover
24	分ける	□ separate □ divide □ split □ break up □ isolate
25	容易にする	□ facilitate □ streamline □ make easier
26	追求する	□ pursue □ seek □ look for □ search for
27	維持する	□ sustain □ keep □ maintain □ continue

28	覚えている	□ retain □ keep □ maintain □ remember
29	合わせる	□ tailor □ adjust □ customize □ personalize □ adapt
30	規制する	□ regulate □ control □ manage □ supervise □ oversee
31	緩和する	□ alleviate □ relieve □ reduce □ ease
32	署名する	□ subscribe □ sign □ agree with
33	禁止する	□ ban □ prohibit □ forbid □ bar

出る度 C：15語 🔊206

1	～に起因する	□ derive from □ originate from
2	衝突する	□ conflict □ clash
3	議論する	□ dispute □ quarrel □ debate
4	表す	□ represent □ stand for □ mean □ reflect □ capture □ constitute
5	抑える	□ hold back □ restrain
6	そらす	□ divert □ distract
7	無視する	□ disregard □ ignore □ miss □ fail to notice
8	悪化する	□ aggravate □ worsen □ exacerbate
9	～に関連する	□ pertain to □ relate to
10	要約する	□ summarize □ sum up
11	耐える	□ withstand □ hold up to
12	契約交渉する	□ negotiate □ discuss terms
13	刺激する	□ motivate □ inspire □ stimulate □ prompt
14	名前を付ける	□ entitle □ title □ name
15	値する	□ deserve □ merit □ be worthy of

とっておきのもりてつファイル 頻出言い換え 330　301

● 名詞：101語

出る度Ａ：47語　◀207

1	同僚	□ colleague　□ coworker　□ associate
2	配達	□ delivery　□ shipment
3	受け取り	□ acceptance　□ receipt
4	増加	□ surge　□ boost　□ leap　□ jump
5	提案	□ proposal　□ suggestion
6	開始	□ inauguration　□ initiation　□ launch
7	予測	□ forecast　□ prediction　□ projection
8	くじ引き	□ lottery　□ drawing　□ raffle
9	賞	□ award　□ prize
10	積み重ね	□ stack　□ pile　□ heap
11	専門知識	□ expertise　□ skill　□ knowledge
12	飲み物	□ drink　□ beverage
13	車	□ vehicle　□ car　□ automobile
14	議題、予定表	□ agenda　□ list of items　□ schedule □ program
15	数字	□ figure　□ number
16	料理	□ cuisine　□ dishes
17	方法	□ manner　□ way　□ fashion
18	態度	□ manner　□ attitude　□ demeanor
19	料金	□ fee　□ rate　□ charge
20	不足	□ shortage　□ lack　□ deficiency
21	資格	□ certificate　□ credential
22	責任	□ commitment　□ responsibility　□ obligation □ duty
23	献身	□ commitment　□ dedication　□ devotion

302　第３部　飛躍するトレーニング

24	休暇	□ vacation □ holiday □ leave
25	契約・同意	□ contract □ agreement
26	収入	□ earnings □ revenue □ income □ proceeds
27	目標	□ goal □ objective □ aim □ purpose □ target
28	職の空き	□ job opening □ vacancy
29	大量	□ bulk □ large amount
30	委員会	□ panel □ a group of people
31	見積もり	□ estimate □ quote □ quotation
32	服	□ clothes □ clothing □ wear □ garment □ outfit □ apparel □ attire
33	人物・人	□ person □ people □ figure □ individual
34	業界・分野	□ industry □ trade □ field □ area □ scene
35	興味・関心	□ interest □ attention □ curiosity
36	農作物	□ produce □ fruit and vegetable
37	保証	□ warranty □ guarantee
38	専門家	□ professional □ specialist □ expert
39	初心者	□ beginner □ novice
40	製造	□ manufacturing □ production
41	ジム	□ gym □ fitness center
42	機会	□ chance □ opportunity
43	要件・条件	□ requirement □ qualification □ condition
44	レシート	□ receipt □ proof of purchase □ payment [transaction] record
45	予約・約束	□ appointment □ engagement □ commitment
46	駐車場	□ parking □ garage
47	取り組み・動き	□ move □ initiative □ measure □ campaign □ step □ action

とっておきのもりてつファイル 頻出言い換え330　303

出る度 B：42語

1	許可・認可	□ authorization　□ permission　□ approval
2	同意	□ consent　□ agreement
3	認めること	□ recognition　□ appreciation
4	移行	□ transition　□ move　□ change
5	改善	□ improvement　□ advancement　□ development　□ upgrade
6	終わり	□ termination　□ end　□ conclusion
7	見落とし	□ mistake　□ error　□ negligence　□ omission　□ failure
8	後援	□ patronage　□ support　□ backing
9	やり取り	□ correspondence　□ communication
10	進歩	□ breakthrough　□ advance　□ development
11	所有物	□ belongings　□ possession
12	ルール	□ regulations　□ customs　□ guidelines　□ standards　□ norms
13	説	□ proposition　□ theory
14	才能	□ gift　□ talent
15	贈り物	□ gift　□ present
16	出席者数	□ turnout　□ attendance
17	日頃の行い	□ routine　□ practice
18	選択肢	□ option　□ choice　□ alternative
19	困難・不便	□ difficulty　□ trouble　□ inconvenience
20	証拠	□ proof　□ evidence
21	実現可能性	□ feasibility　□ viability　□ practicality
22	解決策・治療	□ remedy　□ solution　□ treatment　□ cure
23	取引	□ transaction　□ deal　□ business　□ agreement

24	雰囲気	□ atmosphere □ ambience □ air □ mood
25	見通し	□ outlook □ prospect
26	洞察力	□ insight □ understanding
27	裕福	□ wealth □ affluence
28	名誉	□ honor □ privilege □ pleasure
29	やる気	□ morale □ confidence □ spirit □ self-esteem
30	絶賛レビュー	□ rave review □ good review
31	計画	□ scheme □ plan
32	環境	□ condition □ state □ environment □ circumstances □ surroundings
33	指示	□ specifications □ instructions
34	観点	□ perspective □ viewpoint □ view □ light □ regard
35	達成	□ achievement □ accomplishment □ feat
36	清掃人	□ janitor □ custodian □ housekeeper □ cleaning employee
37	洗剤	□ cleanser □ detergent
38	発売	□ release □ launch □ roll-out
39	コピー	□ copy □ duplicate
40	オーナー	□ owner □ proprietor
41	給料	□ salary □ compensation □ wage □ remuneration
42	居住者	□ resident □ tenant □ occupant

出る度 C：12語 ◀209

1	傾斜	□ slope □ ramp □ incline
2	登場	□ advent □ arrival □ appearance □ emergence
3	フリーランス	□ freelancer □ self-employed 形

とっておきのもりてつファイル 頻出言い換え 330　305

4	埠頭	□ wharf □ pier □ harbor □ dock
5	追加・増加	□ supplement □ augment □ increase □ addition
6	危険	□ danger □ jeopardy □ hazard □ peril
7	点	□ respect □ regard
8	中断	□ interruption □ discontinuance □ interval □ break □ gap □ pause □ hiatus
9	セット	□ package □ combination
10	役割	□ role □ capacity
11	有名人	□ celebrity □ personality
12	色	□ color □ shade □ hue

● 形容詞：108語

出る度 A：38語 ◀210

1	重要な	□ critical □ essential □ vital □ indispensable □ integral □ crucial
2	有効な	□ valid □ effective □ good
3	信頼できる	□ reliable □ dependable □ reputable □ safe □ trustworthy
4	予定である	□ scheduled □ slated
5	好意的な	□ favorable □ positive
6	頑丈な	□ sturdy □ strong □ robust □ tough
7	多くの	□ numerous □ countless □ innumerable □ multiple
8	資格のある	□ qualified □ trained □ certified □ eligible □ entitled □ suitable □ suited
9	最新の	□ latest □ most recent □ state-of-the-art □ advanced

306 第3部 飛躍するトレーニング

10	新しい	□ innovative　□ new　□ novel
11	高く評価された	□ highly regarded　□ highly respected □ highly acclaimed　□ highly recognized
12	熟達した	□ competent　□ proficient　□ capable　□ skilled □ expert　□ accomplished
13	経験豊富な	□ experienced　□ seasoned
14	免除する	□ exempt from　□ not liable for　□ waive
15	未払いの	□ outstanding　□ unpaid
16	素晴らしい	□ outstanding　□ excellent　□ superb □ stunning　□ remarkable
17	主要な	□ leading　□ most powerful　□ more important □ main　□ chief　□ major　□ prime
18	厳しい	□ rigorous　□ severe　□ strict　□ stern □ stringent
19	進行中の	□ ongoing　□ current　□ underway
20	有益な	□ beneficial　□ useful　□ helpful □ advantageous
21	十分な	□ ample　□ sufficient　□ enough　□ adequate □ plentiful　□ abundant
22	魅力的な	□ captivating　□ charming　□ attractive □ appealing
23	知識がある	□ well informed　□ knowledgeable
24	有益な	□ informative　□ instructive　□ educational □ useful　□ helpful
25	気が進まない	□ reluctant　□ unwilling
26	広範囲の	□ extensive　□ comprehensive　□ large　□ broad □ a wealth of
27	前の	□ preceding　□ former　□ prior　□ previous
28	素早い	□ prompt　□ quick　□ swift　□ rapid

とっておきのもりてつファイル 頻出言い換え330　307

29	有名な	□ famous □ renowned □ reputed □ noted □ well known □ distinguished □ acclaimed □ prestigious □ established □ reputable □ respected
30	大きな	□ tremendous □ vast □ huge □ enormous □ immense □ massive □ gigantic
31	今度の	□ future □ next □ upcoming □ forthcoming
32	(天気が)悪い	□ bad □ adverse □ inclement □ severe □ unfavorable
33	時間厳守の	□ punctual □ prompt □ on time
34	環境に配慮した	□ environmentally friendly □ eco-friendly □ green □ sustainable
35	一時的な	□ temporary □ tentative □ interim □ probational □ probationary
36	珍しい・独特の	□ rare □ unique □ peculiar □ distinctive □ unusual □ uncommon □ unequaled □ unparalleled □ one-of-a-kind
37	追加の	□ additional □ extra
38	見込みのある	□ potential □ prospective

出る度 B：40語　　　　　　　　　　　　　　　　　　　　🔊211

1	注意深い	□ cautious □ careful
2	徹底的な	□ thorough □ meticulous
3	複雑な	□ complicated □ intricate
4	明確な	□ clear □ well-defined
5	柔軟な	□ flexible □ adaptable □ adjustable
6	協力的な	□ supportive □ encouraging
7	人当たりがよい	□ courteous □ friendly □ polite □ respectful
8	現在の	□ present □ current □ existing

9	すぐの	□ immediate □ instant
10	近い	□ immediate □ close to □ pressing □ direct □ present
11	決心した	□ determined □ purposeful □ adamant
12	かなりの	□ respectable □ decent □ substantial
13	個別の	□ respective □ separate □ distinct □ different
14	主な	□ main □ chief □ principal
15	可能性のある	□ potential □ possible □ probable
16	特定の	□ specific □ particular □ peculiar □ certain
17	適した	□ suitable □ acceptable □ satisfactory □ appropriate
18	健全な	□ sound □ reliable □ solid □ strong □ healthy
19	居心地が良い	□ comfortable □ cozy □ pleasant
20	活気のある	□ lively □ energetic □ busy □ crowded
21	修正された	□ edited □ corrected □ revised □ improved □ modified □ amended
22	責任がある	□ accountable □ responsible
23	小さな	□ nominal □ tiny
24	基礎的な	□ fundamental □ basic □ essential
25	親切な	□ kind □ considerate □ thoughtful □ helpful □ accommodating
26	形式ばらない	□ casual □ informal
27	急な	□ steep □ sharp
28	価値のある	□ valued □ precious
29	興味深い	□ interesting □ intriguing
30	勤勉な	□ diligent □ industrious □ hard-working
31	目立つ	□ notable □ noteworthy □ remarkable □ prominent

とっておきのもりてつファイル 頻出言い換え330　　309

32	豊かな	□ wealthy □ rich □ affluent
33	堅い	□ firm □ hard □ solid □ strong □ secure
34	差し迫った	□ impending □ imminent
35	目立った	□ conspicuous □ noticeable □ obvious □ outstanding
36	相互の	□ mutual □ common □ shared □ reciprocal
37	遠い	□ remote □ far □ distant □ isolated
38	熱心な	□ eager □ keen □ enthusiastic □ anxious □ passionate □ avid □ keenly aware
39	実店舗の	□ physical □ brick-and-mortar
40	連続した	□ consecutive □ successive □ straight □ in a row

出る度C：30語 ◀212

1	融通のきく	□ versatile □ adaptable □ flexible
2	代わりの	□ alternative □ different □ another
3	保留の	□ pending □ not yet decided [settled]
4	確定していない	□ tentative □ not finalized
5	滑らかな	□ sleek □ glossy □ shiny
6	項目化された	□ itemized □ broken down into categories □ detailed
7	計画された	□ strategic □ planned
8	不安定な	□ turbulent □ unstable
9	好奇心のある	□ inquisitive □ curious
10	故意の	□ deliberate □ intentional □ careful □ meticulous
11	賢い	□ resourceful □ clever □ smart

310　第3部　飛躍するトレーニング

12	無視された	□ unattended □ ignored □ disregarded □ neglected □ unaccompanied
13	微妙な	□ subtle □ delicate □ faint
14	〜しやすい	□ prone □ susceptible □ liable □ subject
15	助言の	□ advisory □ consultative
16	相対的な	□ comparative □ relative
17	集中した	□ intent □ attentive
18	標準的な	□ mainstream □ normal □ orthodox □ ordinary □ conventional
19	大胆な	□ bold □ brave □ courageous □ daring
20	疲れた	□ weary □ tired □ exhausted
21	たくさんの	□ generous □ handsome □ hefty □ huge
22	突発的な	□ spontaneous □ unplanned
23	忘れられない	□ memorable □ unforgettable
24	美しい・繊細な	□ exquisite □ discriminating □ elegant □ beautiful
25	豪華な	□ premium □ superior □ luxurious □ classy □ upscale
26	繁栄した	□ prosperous □ thriving □ affluent □ flourishing □ successful
27	影響力のある	□ influential □ powerful □ strong □ important
28	議論の的になる	□ controversial □ contentious □ disputable □ arguable
29	完全な	□ pure □ total □ complete □ sheer
30	よく知られた	□ household □ well known □ universal

とっておきのもりてつファイル 頻出言い換え 330　311

●副詞：25語 ◀213

1	ほとんど〜ない	□ scarcely □ hardly
2	めったに〜ない	□ seldom □ rarely □ hardly ever □ scarcely ever
3	最近	□ recently □ lately
4	〜だけ	□ only □ exclusively □ alone
5	およそ	□ about □ approximately □ around
6	ほとんど	□ almost □ nearly
7	かなり	□ considerably □ significantly □ substantially □ greatly □ dramatically
8	著しく	□ strikingly □ exceptionally □ outstandingly □ extraordinarily
9	最終的に	□ eventually □ ultimately □ finally
10	すぐに	□ soon □ shortly □ immediately
11	素早く	□ promptly □ swiftly
12	ちょうど	□ promptly □ exactly □ precisely □ sharp
13	直接	□ in person □ directly □ face to face □ personally
14	絶対に	□ definitely □ of course □ certainly □ absolutely □ precisely
15	完全に	□ entirely □ completely □ totally □ wholly □ absolutely □ altogether □ utterly □ really
16	突然	□ abruptly □ immediately □ suddenly □ unexpectedly
17	連続して	□ consecutively □ straight □ in a row
18	主に	□ largely □ chiefly □ mainly
19	簡潔に	□ briefly □ in short
20	さもなければ	□ otherwise □ if not □ or else

312　第3部　飛躍するトレーニング

21	前もって	□ in advance　□ ahead of time　□ beforehand □ up(-)front
22	一般的に	□ ordinarily　□ usually　□ generally □ customarily　□ typically　□ commonly
23	オンラインで	□ online　□ virtually　□ digitally　□ electronically □ on the Web site　□ on the Internet
24	直接・直に	□ in person　※オンラインとの対比で使われる
25	一日中・24時間	□ 24 hours a day　□ around the clock

● 前置詞・接続詞：10語

◀214

1	〜の前に	□ before 前 接　□ prior to 前
2	〜の後に	□ after 前 接　□ following 前　□ subsequent to 前 □ in the wake of 前
3	〜に関して	□ regarding 前　□ concerning 前　□ in regard to 前 □ with regard to 前
4	〜が原因で	□ because of 前　□ due to 前　□ owing to 前 □ on account of 前
5	〜を考慮して	□ given 前　□ considering 前　□ given that 接 □ considering that 接　□ in light of 前 □ in view of 前
6	〜を仮定すると	□ provided that 接　□ assuming that 接 □ suppose that 接
7	〜以外	□ except for 前　□ barring 前
8	〜を通して	□ via 前　□ through 前
9	〜の近くに	□ next to 前　□ near 前　□ close to 前 □ beside 前　□ adjacent to 前 □ in close [immediate] proximity to 前
10	〜を除いて	□ except 前　□ excluding 前　□ aside from 前 □ apart from 前　□ with the exception of 前

とっておきのもりてつファイル 頻出言い換え330　313

Index

A

a lot of 136
a number of 136
abroad 206
academic 194
access 130
accessible 130
accommodate 230
accommodations 238
account 190
acknowledge 220
acknowledgement 220
acquire 132
acquisition 132
across the country 206
across the world 206
adapt 216
adaptation 216
address 33, 96
adjacent to 130
adjust 216, 218
adjustment 216
administer 156
administration 156
advancement 164
affiliate 134
affiliated 134
affiliation 134
affordable 260
affordably priced 260
afraid 104
aid 182
alike 266
all over the country 206
all over the world 206
alter 216, 218
alteration 216, 218
amend 216
amendment 216
anniversary 108
annual 116
annually 116
apartment 65
appeal to 126
appealing 126
appliance 202
applicant 226
application 226
apply for 226
appointment 238
appreciate 220

B

appreciation 220
appreciative 220
architect 198
architecture 198, 236
around the country 206
around the world 206
array 264
art museum 244
art supplies 200
article 204
artwork 244
as of 180
as soon as 276
assembly 33
assistance 182
assortment 264
assume 162
at first 278
attach 212
attachment 212
attend 224
attend to 96
attendance 224
attendee 224
attract 126
attraction 192
attractive 126
authority 196
automated teller machine 190
avoid doing 274

background 194
back-ordered 126
balance 184, 190
ban X from doing 272
bandage 200
bank 190
bank teller 190
bargain 246
based 120
basis 118
be a part of an event 224
before 122
begin 124
beginning 180
behalf 160
biannual 116
blueprint 198
book 238
booking 238
booklet 250
boss 156
brand-new 124
breakdown 92
briefing 33
bring ~ into effect 180

C

broad 264
brochure 250
broken 92
budget 260
budget-friendly 260
build 198
builder 198
building 198, 236
building manager 170
building tour 170
bus 47
business 106, 172
business days 172
business hours 172
busy street [road] 102
busy traffic 102
but 104, 278
buy 132
buyout 132

café 130
call 154
call off 100
cancel 100
cannot 104
capacity 230
career 164
carpool 47
carry ~ into effect 180
catch 126
caught 102
cause 110
celebrate 108
celebration 108
celebratory 108
century 252
certificate 106
challenge 94
change 216
charge 46, 72
charitable cause 110
charity 110
cheap 260
checking account 190
checkup 32
city administration 196
city council 196
city official 196
civil servant 196
classified 180
close to 130
clothing 240
collaborate with/on 134
collaboration 134
come into effect 180
commemorate 108

314　Index

commemoration 108
commemorative 108
commence 124
commute 47
comparable 266
competition 106
competitive 260
competitively priced 260
competitor 106
complain 248
complaint 248
complete 46, 178
complex 236
complimentary 46, 72
compulsory 128
conference 33, 204, 222
confidential 180
confidentiality agreement
 [policy] 180
congested 102
congratulate 108
Congratulations! 108
congratulatory 108
congress 33
consolidate 132
consolidation 132
construct 198
construction 198, 236
contact 154
contestant 226
contribute 110, 182
contribution 110, 182
contributor 110
convene 222
conveniently located
 [situated] 130
convention 33, 222
convert 228
cope with 96
cost 46, 72
council 196
coupon 106
cover 160, 204
cover letter 148
coverage 204
craft 244
crammed 102
crowded 102
curator 244
customer feedback [review,
 comment] 248
CV 148
cycle 47

D

daily 118
○○ Daily 204

damaged 92
damp 270
dampen 270
deal 246
deal with 96
decade 252
decline to do 274
deep 242
defect 92
defective 92
degree 194
dehydrated 270
delay 100
delighted 262
delightful 262
deliver 33
delivery 33, 176
dental 32
dentist 32
deposit 184, 190
depth 242
deputy 160
design 198
designer 198
develop 198
developer 198
device 202
differ 266
difference 184
different 136, 266
difficult 104
difficulty 92, 94, 104
dimensions 242
dining establishment
 [facility] 130
diploma 194
direct 156
discontinue 100
discount 246
discounted 246
discourage 272
discuss 33, 214
discussion 33
dissuade 272
distinct 266
diverse 264
doctor 32
domestically 206
donate 110, 182
donation 110, 182
donor 110
down payment 184
dozen 252
Dr. 32
drain 98
drainage 98
draw 126

drawing 226
drive 47
drought 270
dry 270
due 184
durability 268
durable 268
duty 162

E

each day [week, month] 118
each year 116
easily accessible 130
eatery 130
economical 260
economically priced 260
education 194
educational 194
effect 180
effective 180
elect 196
election 196
electronic device 202
e-mail 152, 154
enclose 212
enclosure 212
endorsement 248
endow 110
endowment 110
enroll in [for] 226
enrollment 226
enter 226
entrant 226
entry 226
equal 266
equivalent 266
essential 128
establish 162
establishment 130, 236
event 110, 222
every day [week, month] 118
every other [second] year 116
every two years 116
every year 116
example 152
excursion 192
exhibit 222
exhibition 222
expedite 176
experience 156
expo 222
exposition 222
express 176, 220

F

facility 130, 236

Index　315

faculty 194
fail to do 274
fault 92
faulty 92
feedback 178
fellowship 182, 194
file 152
fill in 46, 178
fill in for 160
fill out 46, 178
financial 110, 182, 190
first 124
fix 94, 218
flaw 92
flawed 92
flyer 250
for free [nothing] 46, 72
forbid X from doing 272
former 122
formerly 122
forum 33
found 162
founder 162
free 46, 72
frequent customer 122
fridge 202
from outside 158
from within 158
full 184
function 92, 222
fund 110, 182, 190
funding 182
fund-raiser 110
fund-raising event 110

G

gallery 244
garment 240
gathering 33
gear 240
generation 252
get over 214
get-together 33
gift card [certificate] 106
give ~ a ring 154
glitch 92
global 206
globally 206
go into effect 180
go over 214
goggles 240
government 196
governor 196
graduate 194
grant 182, 194
grateful 220
gratitude 220

H

hand in 152
hand over 162
handle 96
hard 104
hardly 276
haste 176
hastily 176
have trouble [difficulty,
   a hard time] 104
head office 120
headquartered 120
headquarters 120
healthcare 32
heavy traffic 102
height 242
helmet 240
hem 218
high 242
hold 222, 230
hole 218
home office 120
honor 108
hospital 32
hotel 238
hours of operation 172
house 230
How do you like ~? 65
however 104
HR 154
human resources
   (department) 154
hurdle 94
hurry 176

I

identical 266
imperative 128
impressed 262
impressive 262
improve 228
in a hurry 176
in a rush 176
in business 172
in demand 126
in foreign countries 206
in haste 176
in intallments 184
in multiple countries 206
in one's place 160
in operation 172
in place of 160
in several countries 206
in the past 278
inaugural 124
inaugurate 124
include 212

increase in salary 164
increase in traffic 102
inexpensive 260
in-house 158
initial 124
initially 124, 278
initiate 124
inn 238
input 178
institution 190, 236
internal 158
internally 158
internationally 206
interview 204
interviewee 204
interviewer 204
introductory 124
invest 190
investment 190
issue 92, 94
itinerary 192

J

join 224
joint 134
joint venture [project] 134
jointly 134
journalist 204
journey 192

K

keep from doing 274
keep X from doing 272

L

ladle 202
landlord 170
laptop 202
last long 268
late 100
launch 124
layout 198
leaflet 250
leak 98
leakage 98
lease agreement 170
lecture 33
length 242
lengthen 218
let out the waist 218
letter of recommendation
   .... 148, 150
like 266
line up for 126
loan 190
local administration 196

316   Index

local authority 196
local government 196
located 130
lodging 238
long 242
long-lasting 268
look over 214
low-budget 260
low-cost 260
loyal customer 122
lump-sum 184

M

mail 152
main office 120
make a donation
  [contribution] 110
make ~ faster 176
makeover 228
malfunction 92
manage 156
management 156
manager 156, 170
managerial experience 156
mandatory 128
many 136
mark 108
material 250
matter 94
mayor 196
measure 242
measurement 242
mechanical issues 92
media outlet 204
medical 32
medical supplies 200
medicine 32
meeting 33
mend 218
merge with 132
merger 132
microwave oven 202
milestone 108
miss 214
modernize 228
modification 216
modify 216
moist 270
moisten 270
moisture 270
monetary 182
monthly 118
more than one 136
move 65
mover 65
moving company 65
moving van 65

multiple 136
municipality 196
mural 244
museum 244
must 128

N

nationally 206
nationwide 206
near 130
necessary 128
need to do 128
next to 130
no sooner 276
nurse 32

O

obligatory 128
observance 108
observe 108
obstacle 94
offer 246
office hours 172
office supplies 200
official 196
off-site 158
oil painting 244
on a daily [weekly, monthly]
  basis 118
on a global scale 206
on a regular basis 258
on back order 126
on behalf of 160
on one's behalf 160
once 122, 276
once a year 116
on-site 158
open 172
opening hours 172
operate 172
operating hours 172
operation 172
optional 128
order 92
organize 222
original 124
originally 124, 278
out of order 92
out of service 92
out of stock 126
outing 192
outlet 204
outside 158
outsider 158
outstanding balance 184
oven 202
overcome 214

overdue 184
overlook 214
overseas 206
oversee 156, 214
overseer 156
oversight 156
owed 184
owner 170

P

packed 102
paintbrush 200
painting 244
pamphlet 250
parent company 132
partake in 224
partial 184
participant 224
participate in 224
participation 224
partner with 134
partnership 134
party 196
past 278
patch 218
patient 32
pay raise 164
payment 184
~% off 246
perennial 116
periodical 258
periodically 258
personnel (department) 154
philanthropy 110
phone 154
physician 32
piece 244
pipe 98
place 65, 160, 170
pleasant 262
pleased 262
pleasing 262
plumber 98
plumbing 98
plus 128
political party 196
politician 196
politics 196
popular 126
portfolio 148, 152
portrait 244
postpone 100
predecessor 162
preferred 128
premises 236
presence 224
present 33, 222, 224

Index   317

presentation	33	
press	204	
press conference	204	
press release	204	
prevent X from doing	272	
previous	122	
previously	122	
printed material	250	
prior	122	
problem	92, 94	
proceeds	110	
professor	194	
prohibit X from doing	272	
promote	164	
promoted	164	
promotion	164	
property	170, 236	
proprietor	170	
protective clothing [garment, wear, suit]	240	
protective gear	240	
proximity to	130	
public transportation	47	
publication	250	
purchase	132	
push back	100	
put ~ into effect	180	
put in	152	
put off	100	

Q

quarterly	116
questionnaire	178
quote	248

R

raise	110, 164
rally	33
range	264
rate	246
reach (out to)	154
real estate	170
real estate agent	170
realtor	170
realty	170
reasonable	260
reasonably priced	260
recommend	150
recommendation	148, 150, 248
redecorate	228
reduced	246
reduction	246
refer X to Y	150
reference	148, 150
referral	150
refrain from doing	274
refrigerator	202

refurbish	228
refuse to do	274
register for	226
registrant	226
registration	226
regular	258
regular customer	122
regularity	258
regularly	258
relocate to	65
relocation	65
remainder	184
remaining balance	184
remark	33
remit	190
remittance	190
remodel	228
remote work	174
remote worker	174
rendering	198
renovate	228
rental agreement	170
repair	218, 228
repeat customer	122
replace	160, 218
replacement	160
report	204
report on	204
report to	156
reporter	204
require	128
reservation	238
reserve	238
resolve	94
respond	96
responsibility	162
rest	184
restaurant	130
restore	228
résumé	148
retail store	106
retailer	106
retreat	192
revamp	228
review	214
revise	216
revision	216
ring	154
rise	164
road congestion	102
robust	268
run	172
rush	176

S

safety glasses	240
safety gloves	240

salary	164
same	266
sample	152
satisfactory	262
satisfied	262
satisfying	262
savings account	190
scarcely	276
scholar	194
scholarly	194
scholarship	182, 194
sculpture	244
seam	218
seat	230
seating capacity	230
secret	180
secure	238
selection	264
sell out	126
sell quickly	126
semi-annual	116
seminar	222
send an e-mail	154
send in	152
sensitive	180
servant	196
serve	172
service	92
settle	94
settle in	65
several	136
sewage	98
sewer	98
share a taxi	47
shipping	176
shop	106
shorten	218
should	128
show 人 around 場所	170
shuttle bus	47
sightseeing	192
sign up for	226
sign-up	226
similar	266
sink	98
situated	130
size	242
sleeves	218
solid	268
solve	94
some	136
sort out	94
sought(-)after	126
space	170
spatula	202
speak	33
special offer	246
speech	33

speed up 176
sponsor 182
stage 222
start 124
starting 180
state-mandated 196
stationery 200
stipend 182
stitch up 218
stock 126
stop X from doing 272
store 106
store credit 106
structure 198, 236
stuck 102
sturdy 268
submit 152
subscribe to 226
subscription 226
subsidiary 132
subsidize 182
subsidy 182
substantial 268
substitute 160
subway 47
succeed 162
successor 162
suggest 150
suggestion 150
suit 240
supervise 156, 214
supervision 156
supervisor 156
supervisory role 156
supplies 200
support 110, 182
surgeon 32
survey 178
suspend 100
suspension 100
swamp 270

T

tablet 202
tackle 96
tailor 218
tailor-made 218
take care of 96
take effect 180
take in the waist 218
take on 162
take on one's responsibility
  [duty] 162
take one's place 160
take over 162
take part in 224
take place 222

take the place of 160
takeover 132
talk 33
talk about 214
tear 218
technical 92
telecommute 47, 174
telecommuter 174
telecommuting 174
telework 174
teleworker 174
teller 190
tenant 170
testimonials 248
~th year 108
thank 220
thankful 220
those present 224
throughout the country 206
throughout the world 206
token 106
Tokyo-based 120
too 104
tour 170
tourist 192
tourist attraction 192
trade show [fair] 222
traffic 102
traffic congestion 102
traffic jam 102
train 47
transfer 65, 190
transit 65
transition 65
transportation 47
travel 192
travel agency 192
travel agent 192
treatment 32
trip 192
trouble 94, 104
tuition 194
turn in 152
twice a year 116

U

undergraduate 194
undertake 162
unfortunately 104
unit 170
unlike 266
update 228
upgrade 228
upon 276
used to do 122, 278
utensils 202

V

valued customer 122
van 65
variety 264
various 136, 264
vary 266
venture 134
vicinity 130
volume 242
voucher 106

W

waist 218
walk 47
walk-through 170
water pipe 98
watercolor painting 244
watery 270
wear 240
weekly 118
○○ Weekly 204
wet 270
wetland 270
wholesaler 106
wide 242, 264
width 242
withdraw 190
withdrawal 190
within the company 158
within walking distance of 130
withstand 268
work from home 174
work of art 244
work out 94
work properly 92
work remotely 174
work sample 152
workshop 222
worldwide 206
writer 204

Y

yearly 116

Index   319

著者紹介

森田 鉄也（もりた てつや）
YouTube：Morite2 English Channel、ユーテラ授業チャンネル運営。武田塾English Director、武田塾英語課課長、武田塾高田馬場校・国立校・豊洲校・鷺沼校・東雲校オーナー。慶應大学文学部英米文学専攻卒。東京大学大学院言語学修士課程修了。TOEIC® L&R 990点（100回以上）、TOEIC® S&W 各200点、国連英検特A級などを取得。

清田 将吾（きよた しょうご）
1993年熊本県生まれ。TOEIC® L&R 990点、英検1級取得。予備校講師、TOEIC講師、英語コーチングスクール校舎長を経て独立。オンライン英語スクール Dear English, 代表。ホームページ：https://dear-english.com/　X (Twitter)：@dear_english

あ〜る
TOEIC® L&Rテスト990点。2007年から公開テストを毎回受験。受験経験を重ねる中でPart 3, 4, 7の解答の決め手になる言い換えに着目し、2012年から『言い換えフレーズコレクション』を開始。メルマガなどの媒体で発表し続けている。これまでコレクションした言い換えは1500を超える。慶應義塾大学文学部文学科国文学専攻卒業。

TOEIC® L&R TEST 言い換え超特急
正解の決め手77

2025年4月30日　第1刷発行

著　者	森田 鉄也、清田 将吾、あ〜る
発行者	宇都宮 健太朗
装　丁	川原田 良一
本文デザイン	コントヨコ
似顔絵イラスト	cawa-j ☆ かわじ
印刷所	大日本印刷株式会社
発行所	朝日新聞出版

〒104-8011　東京都中央区築地 5-3-2
電話 03-5541-8814（編集）　03-5540-7793（販売）
© 2025 Tetsuya Morita, Shogo Kiyota, R
Published in Japan by Asahi Shimbun Publications Inc.
ISBN 978-4-02-332393-3

定価はカバーに表示してあります。
落丁・乱丁の場合は弊社業務部（電話 03-5540-7800）へご連絡ください。
送料弊社負担にてお取り替えいたします。